상소로 읽는 남명 정신

남명 선생 상소문

남명선비문화총서 05

상소로 읽는 남명 정신

남명 선생 상소문

2025년 9월 30일 초판 1쇄 펴냄

엮은이 한국선비문화연구원
펴낸이 김흥국
펴낸곳 보고사

책임편집 김태희
표지디자인 김규범

등록 1990년 12월 13일 제6-0429호
주소 경기도 파주시 회동길 337-15 보고사
전화 031-955-9797 팩스 02-922-6990
메일 bogosabooks@naver.com
http://www.bogosabooks.co.kr

ISBN 979-11-6587-917-4 94910
      979-11-6587-756-9 (세트)
ⓒ한국선비문화연구원, 2025

남명선비문화총서 05

상소로 읽는 남명 정신

남명 선생 상소문

한국선비문화연구원 엮음

발간사

오늘날 한국 사회에서 무엇보다 절실히 필
요한 것이 선비정신이다. 이는 앞날을 걱정
하는 원로들의 한결같은 말씀이다. 그것은
전통적 가치를 회복하자는 차원을 넘어 우리
사회의 미래가 심히 걱정되기 때문이다. 선
비란 어떤 사람인가? 사화가 극심하던 16세
기, 지조와 절개를 지키며 나라를 걱정하고 백성을 사랑한 지성인
을 가리킨다. 조선 선비는 마음을 성찰하고 사욕을 극복하여 하늘
을 우러러 한 점 부끄러움이 없는 사람이 되고자 하였다. 이런 선비
들이 사는 세상이 문화강국이다.

유교는 수기치인(修己治人)의 가르침이라 말한다. 그런데 공자는
한 걸음 더 나아가 '자신을 수양하고서 남을 편안히 해주는 사람(修
己安人)'을 군자(君子)라고 하였다. 군자는 사적인 이익보다 공적인
이로움을 우선시하며 의리를 먼저 생각하는 사람으로, 조선 선비
들이 지향하던 인간형이다.

16세기 남명 조식 선생은 사화기에 벼슬에 나가는 것을 단념하
고 도를 구해 기강을 부지하려고 공자의 제자 안회(顔回)처럼 극기

5

복례를 실천하였다. 수신공부가 잘 되지 않자, 경의검을 차고 다니며 사욕을 베어냈고, 성성자를 차고 다니며 정신을 또렷이 하였다. 그것도 모자라 공자·주자의 초상화를 그려 세워두고서 스승이 옆에 계신 것처럼 엄숙히 하였다. 선생은 수신을 통해 덕성을 드높이면서 권력자와 당당히 맞섰고, 임금에게도 '임금은 의로워야 합니다', '마음을 바르게 하고 수신하세요'라고 아뢰었다. 이것이 선비정신이다.

세상이 어지럽고 도가 무너지던 시대의 학자들은 선생을 모신 덕천서원에 찾아와 절을 올리고 시대를 바로 세울 방안을 물었다. 서원이 훼철된 뒤에는 산천재를 선생의 도가 보존된 곳으로 여겼다. 그 산천재 옆에 설립된 한국선비문화연구원은 시대적 소명을 저버리지 않기 위해 남명선비문화총서를 지속적으로 간행할 예정이다. 다시 이 땅에 선비문화가 찬란히 꽃피울 날을 간절히 염원한다.

한국선비문화연구원 원장
최구식

책을 내면서

『남명집』에는 1555년에 올린「을묘사직소(乙卯辭職疏)」, 1567년에 올린「정묘사직정승정원장(丁卯辭職呈承政院狀)」, 1568년에 올린「무진봉사(戊辰封事)」, 1571년에 올린「사선사식물소(謝宣賜食物疏)」등 4편의 상소가 실려 있다.

박인(朴絪)이 편찬한「남명선생연보」에는 '1570년 두 차례 임금이 불렀는데 모두 사양하였다'고 하였으며, 『남명선생편년』에는 '문인 유종지(柳宗智)가 지은 제문에 일곱 번 봉사를 올렸다고 하였는데 시문집에는 이 4편의 상소문밖에 없기 때문에 2편이 이 해에 올린 것으로 추정된다'고 하여 1570년에 2편의 상소를 올린 것으로 보았다. 그러나 『선조실록』과 『선조수정실록』에는 이에 관한 기사가 보이지 않는다.

위에 열거한 4편 상소문의 주제어를 보면,「을묘사직소」는 수신(修身)을 통한 왕도(王道)를 말하고,「무진봉사」는 왕도를 위한 군덕(君德)을 말하고,「정묘사직정승정원장」은 현실의 시급한 문제를 먼저 구제하라는 구급(救急)을 말하고,「사선사식물소」는 기강을 확립해 의로움을 보여야 한다는 군의(君義)를 말하고 있다.

이렇게 보면, 이 4편의 상소문에는 남명 선생의 정치사상이 모두 드러나 있다. 요컨대 임금이 수신을 통해 천덕(天德)을 확보해서 왕도를 펴는 것을 정치사상의 근본으로 삼고, 현실을 직시한 인식을 바탕으로 시대의 폐단을 바로잡기 위해 위급한 상황을 먼저 타개할 구급책을 세우고, 임금이 수신한 몸으로 인재를 등용해 적재적소에 배치한 뒤 기강을 확립하여 정의로운 세상을 건설해야 한다는 것이다. 4편의 상소문은 명종에게 올린 것이 1편, 선조에게 올린 것이 3편이다.

명종에게 올린 「을묘사직소」는 '임금이 왕도를 펴기 위해서는 『대학』 삼강령의 명명덕(明明德)과 신민(新民)을 근본으로 해야 한다'는 것인데, 명덕을 밝히는 문제를 중점적으로 거론하고 있다. 대다수 사람은 「을묘사직소」에서 남명 선생이 문정왕후를 '과부'라 하고 명종을 '고아'라고 칭하며 현실 문제를 직언한 것만 이야기하고 있다. 그러나 이 상소의 핵심은 마지막에 있는 '임금이 명덕을 밝혀야 한다'는 것에 있다. 이것이 「을묘사직소」의 요지인데, 세상 사람들은 강한 어조로 현실 문제를 비판한 대목에만 눈길을 주고 있으니, 안타까울 따름이다. 목소리를 높이고 강경한 말만 난무하는 우리 시대의 실상을 그대로 보여주는 듯하여 씁쓸한 마음을 금할 수 없다.

「을묘사직소」에는 당대 젊은 사관이 쓴 사론(史論)이 여러 건 붙어 있는데, 이 사론을 보면 16세기 중반 조선의 젊은 관원들이 가졌던 시대정신과 남명 선생에 대한 평을 여과 없이 그대로 알 수 있다. 그래서 「을묘사직소」에 붙은 사론을 함께 읽어야 이 상소문의 의미와 남명 선생에 대한 당대인의 시각을 알 수 있다.

남명 선생이 만년에 선조에게 올린 3편의 상소문은 민생의 시급한 문제를 빨리 해결하라는 구급(救急), 임금이 먼저 의로워야 한다는 군의(君義), 『중용』의 명선(明善)·성신(誠身)을 통한 임금의 수신을 역설한 군덕(君德)으로 요약할 수 있다. 이러한 각 편의 주제어는 우국애민하고 경세제민하는 남명 선생의 현실적인 면모를 가감 없이 보여준다. 또한 이런 정치사상을 통해 남명학의 본질이 수양론과 경세론에 중점이 있음을 새삼 확인할 수 있다.

이번에 남명 선생의 상소문을 새로 번역하여 출간한 것은 일반인들이 보다 쉽게 상소문을 읽을 수 있도록 하기 위해서이다. 그래서 가급적 주석을 많이 달고 가독성을 높이려고 노력하였다. 아무쪼록 이 책을 통해 남명 선생의 우국애민하는 경세적인 사상이 더 널리 세상에 알려지길 기대한다.

이 책을 교정하는 일에 도움을 준 권난희, 강도현, 강지옥 선생의 노고에 감사드리며, 이 책을 읽기 편하게 만들어 주신 보고사 김흥국 사장 및 관계자 여러 분께도 감사의 말씀을 전한다.

2025년 8월 1일
한국선비문화연구원 부원장
최석기

차례

일러두기

1. 이 책은 1700년 덕천서원에서 편찬하고 일부 수정하여 1825년 간행한 『남명선생별집』(1982, 아세아문화사) 권2에 수록되어 있는 소(疏)를 저본으로 번역하였다.

2. 『명종실록』과 『선조실록』에 실린 상소문을 참조하여 원문에 이자(異字)가 있는 경우는 내용상 더 좋은 쪽을 택하여 번역하고 주석을 달았다.

3. 번역문을 먼저 싣고, 그 뒤에 원문을 실었으며 그 뒤에 붙은 사론(史論)을 싣고 마지막에 해설을 붙였다.

4. 현대인이 이해하기 쉽게 번역하였으며, 고전 용어와 관직·지명·인명에는 각 부마다 미주로 주석을 달아 이해를 도왔다.

5. 이 책에 쓰인 괄호 기호의 쓰임은 다음과 같다.

　- 【 】: 원문에 소자(小字)로 쓰인 내용

　- 〈 〉: 역자가 독자의 편의를 위해 추가한 내용

　- ( ) : 한자의 병기나 단어 설명

　- [ ] : 음가가 다른 경우

제1부

을묘사직소

乙卯辭職疏

不能持危於萬一 若曹

論買官乎 臣寧

何但罪在於微臣

不知者

人耶

道者

集者一也 抑 殿

忘人心已離 比 如

을묘년 단성현감을 사직하는 소

선무랑(宣務郎)[1]으로 단성현감(丹城縣監)[2]에 새로 제수(除授)[3]된 조식(曺植)은 참으로 황송하고 황공한 마음으로 머리를 조아리고 조아리면서 주상 전하께 소(疏)[4]를 올립니다.

엎드려 생각건대, 선왕(先王)[5]께서는 신이 변변치 못한 사람이라는 사실을 모르시고서 처음 참봉(參奉)에 제수하셨습니다.[6] 그리고 전하께서 왕위를 이어받으신 뒤 신을 주부(主簿)에 제수한 것이 두 번이었는데[7] 지금 또 제수하여 현감으로 삼으시니, 산을 짊어진

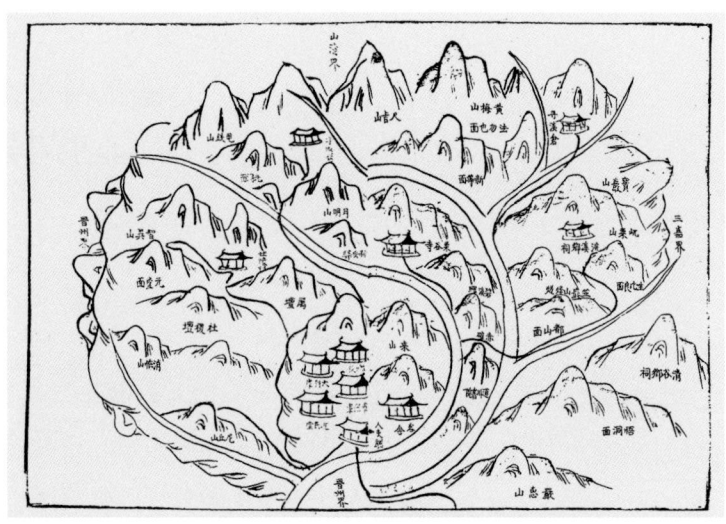

단성현 고지도

것처럼 벌벌 떨며 불안하고 두렵습니다.

그런데도 감히 황종(黃琮)이 있는 대궐[8] 한 구석에 나아가 하늘의 해와 같은 성상의 은혜에 사은숙배(謝恩肅拜)[9]하지 못하는 것은 '임금이 인재를 등용하는 것은 목수가 재목을 취하는 것과 같다'고 생각하기 때문입니다. 깊은 산속이든 큰 늪지든 버려진 재목이 없어야 큰 집을 짓는 공사를 완성할 수 있습니다. 그런데 도목수가 목재를 취하는 것이지, 나무가 스스로 그 일에 참여할 수는 없습니다. 전하께서 인재를 등용하시는 것은 국토를 소유한 임금의 책무입니다. 신은 맡기신 직책을 감당하지 못할까 염려스럽기 때문에 감히 큰 은혜를 사사로이 받지 못하겠으며, 머뭇거리며 나아가길 어려워하는 마음을 끝내 측석(側席)[10] 아래에 있는 관원에게 감히 전달하지 않을 수 없습니다.

신이 벼슬자리에 나가기 어려워하는 마음에는 두 가지 이유가 있습니다. 지금 신의 나이가 예순에 가깝지만, 학술이 엉성하고 우매합니다. 문장은 문과 시험의 병과(丙科)[11]로 뽑히기에도 부족하고, 행실은 물을 뿌리고 비질하는 일상의 일을 제대로 해내기에도 부족합니다. 과거시험에 10여 년 동안 응시했는데 세 번이나 떨어진 뒤에야 물러났으니, 애초 과거공부를 일삼지 않은 사람이 아닙니다.

설령 과거에 응시하는 것을 탐탁하게 여기지 않는 사람이라고 하더라도, 그 또한 성질이 괴팍하고 오만한 한 부류의 평범한 백성에 불과하지, 크게 어떤 일을 할 만한 온전한 재주를 가진 인재는 아닙니다. 그런데 하물며 '그 사람 됨됨이가 선한가, 악한가'는 '과거에 응시하느냐, 응시하지 않느냐'에 전혀 달려 있지 않음에야 말해 무엇하겠습니까. 보잘것없는 신이 이름을 도둑질하여 담당 관원에게 잘못 인식하게 하였고, 담당 관원은 신의 이름만 듣고서 전하께 잘못 천거한 것입니다.

전하께서는 과연 신을 어떠한 사람이라고 생각하십니까? 도(道)가 있다고 생각하십니까? 문장에 능하다고 생각하십니까? 문장에 능한 사람이라고 반드시 도가 있는 것은 아니며, 도가 있는 사람은 반드시 신과 같지는 않을 것입니다. 전하께서 신을 알지 못하실 뿐만 아니라, 재상도 신을 알지 못합니다. 그 사람을 제대로 알지 못하면서 그를 등용하여 훗날 국가의 수치스러운 일이 된다면, 어찌 죄가 보잘것없는 신에게만 있을 뿐이겠습니까. 헛된 이름이 알려져서 몸을 파는 것이 어찌 곡식을 바쳐 벼슬을 사는 것만 하 겠습니까. 신은 차라리 제 한 몸을 저버릴지언정 차마 전하를 저 버릴 수 없습니다. 이것이 신이 벼슬자리에 나아가길 어려워하는 첫 번째 이유입니다.

또 전하의 나랏일이 이미 그릇되어 나라의 근본이 이미 망했으 며, 하늘의 의중도 이미 떠났고, 인심도 이미 떠났습니다. 비유컨 대 〈나라는〉 백 년 동안 벌레가 속을 갉아 먹어 진액이 이미 고갈 된 큰 나무와 같은데, 〈사람들은〉 회오리바람과 사나운 비가 언제 닥칠지를 까마득히 잊고 지낸 지 오래입니다.

조정에 있는 신하[12] 중 충성스럽고 의로운[13] 선비[14]와 아침 일찍 부터 밤늦게까지 부지런히 일하는 선량[15]한 사람이 없는 것은 아 닙니다. 그러나 그들도 나라의 형세가 극에 달하여 지탱할 수 없 고 사방을 둘러보아도 손을 쓸 곳이 없다는 사실을 이미 알고 있 습니다. 그런데 낮은 벼슬아치들은 아랫자리에서 시시덕거리면서 술과 여색을 즐기고, 높은 벼슬아치들은 윗자리에서 그럭저럭 세 월을 보내면서 재물을 불리고 있습니다.【사론 1】물고기의 배가 썩어 들어가는데 아무도 나서서 치유하려 하지 않고 있습니다.[16]

게다가 조정의 신하는 용이 연못에서 낚아채듯이 후원하는 세 력을 심고,【사론 2】외직의 신하는 이리가 들판에서 날뛰듯이 백 성을 수탈하고 있습니다. 이들은 또한 가죽이 다 해지면 털도 붙

을묘사직소(1)

어 있을 데가 없다는 사실을 모릅니다. 신은 이 때문에 오래 생각에 잠기고 길이 탄식하면서 낮에 하늘을 우러러본 것이 한두 번이 아니며, 크게 한탄하고 아픈 마음을 억누르면서 밤에 천장을 쳐다본 지가 오래되었습니다.

자전(慈殿)[17]께서는 생각이 깊으시기는 하지만 깊숙한 궁중에 사시는 한 과부에 지나지 않으시고, 전하께서는 아직 어리시니 선왕께서 남기신 한 외로운 아드님에 불과할 따름입니다. 그러니 천 가지 백 가지 천재(天災)와 억만 갈래로 나누어진 인심(人心)을 무엇으로 감당해 내며, 무엇으로 수습하겠습니까. 냇물이 마르고[18]

하늘에서 곡식이 내렸으니[19], 그 징조가 무엇을 뜻하는 것이겠습니까. 음악 소리가 슬프고[20] 사람들이 흰옷을 즐겨 입으니[21], 소리와 형상에서 이미 그 조짐이 드러난 것입니다. 이런 시기에는 주공(周公)[22]·소공(召公)[23]의 재주를 겸한 자가 정승 자리에 있다고 하더라도 어떻게 손을 쓸 수 없을 것입니다.

그런데 하물며 지푸라기 같은 재주를 가진 미천한 신[24] 한 사람이 무엇을 할 수 있겠습니까. 위로는 만일의 경우에 국가의 위태로움을 부지할 수 없을 것이고, 아래로는 사소한 일에도 백성을 보호할 수 없을 것이니, 전하의 신하가 되는 것이 또한 어렵지 않겠습니까. 두소(斗筲)[25]만 한 이름을 팔아서 전하의 관작을 얻어 그 녹을 먹으면서도 그 녹에 맞는 일을 하지 않는 것은 또한 신이 원하는 바가 아닙니다. 이것이 신이 벼슬자리에 나아가길 어려워하는 두 번째 이유입니다.

또한 신이 근래 보건대, 변방에 변란이 있어서 관료들이 제때 식사를 하지 못할 정도로 분주합니다. 신은 이 소식을 듣고 당연히 놀라지 않았습니다. 그것은 이 사변이 20년 전에 일어났을 것인데 전하의 신묘한 위엄 덕분에 이제야 비로소 터진 것이지, 어느 날 저녁 갑자기 일어난 변고가 아니라고 전부터 생각했기 때문입니다.

평소 조정에서는 뇌물을 받고 관리를 등용하였습니다. 그래서 조정에는 재물이 모였으나 백성을 흩어지게 하였습니다. 그리하여 마침내 장수 중에는 적임자가 없고, 성(城)에는 군졸이 없게 되었습니다. 그러니 왜적이 무인지경으로 들어오듯 침입하는 것이 어찌 괴이한 일이겠습니까.

이번에도 대마도(對馬島)의 왜놈들이 본토의 왜적들과 몰래 결탁하여 향도(向導)가 되어서 만고에 영원히 전할 치욕스러운 왜변(倭變)을 일으켰습니다. 그런데 왕의 신령스러운 위엄이 떨치지 못하여 우리 군사가 머리를 조아리듯 순순히 적에게 성을 내주고 말았습니다. 이 어찌 옛 신하를 대우하는 의리는 주(周)나라 때의 법보다 엄격하면서[26] 왜적을 포용하는 은덕은 도리어 망한 송(宋)나라 때의 일[27]보다 더한 것이 아니겠습니까. 세종대왕께서 남쪽 오랑캐를 정벌하시고 성종대왕께서 북쪽 오랑캐를 정벌하신 일로 보면, 어찌 오늘날의 일과 같은 점이 있었습니까.

그러나 이와 같은 점은 피부에 생긴 병에 지나지 않아서 심장과 배의 통증에는 비할 바가 못 됩니다. 심장과 배의 통증은 체증으로 꽉 막혀 위아래가 통하지 못하기 때문입니다. 이것이 바로 공경(公卿)·대부(大夫)는 목이 마르고 입술이 타도록 분주하게 일을 주선하지만, 백성은 수레를 타거나 뛰어 달아나기만 한다는 상황인 것입니다.[28]

근위병(近衛兵)을 불러 모으고 나랏일을 정돈하는 것은 자질구레한 정사와 형벌에 달려 있지 않고, 오직 전하의 한마음에 달려 있을 뿐입니다. 말이 땀을 흘리듯 마음속으로 노심초사하여 만 마리의 소가 밭을 가는 넓은 땅만큼이나 큰 공을 세우는 것도 그 조짐은 자신에게 달려 있을 따름입니다.

을묘사직소(2)

　신은 전하께서 종사하시는 일이 무슨 일인지 모르겠습니다. 학문을 좋아하십니까? 풍류와 여색을 좋아하십니까? 활쏘기와 말달리기를 좋아하십니까? 군자를 좋아하십니까? 소인을 좋아하십니까? 좋아하시는 바가 이러한 데에 있으면 나라가 보존되느냐 망하느냐 하는 것이 거기에 달려 있습니다.

　만약 전하께서 어느 날 화들짝 놀라 깨닫고서 분발하여 학문에 힘써 문득 명덕(明德)을 밝히고 백성을 새롭게 변화시키는[29] 내면의 도리[30]를 터득함이 있으시면 명덕을 밝히고 백성을 새롭게 변화시키는 도리 속에 온갖 선이 갖추어져서 모든 교화가 이를 통해 나오게 될 것입니다. 이것을 들어서 조처하면 나라는 공평하게 다스릴 수 있고, 백성은 화합하게 할 수 있으며, 위태로운 상황은 안정시킬 수 있을 것입니다. 이로써 자신을 단속하고 마음을 보존하면, 텅 빈 거울이 만물을 비추듯 저울이 물건을 공평하게 달 듯 사유에 사특한 생각이 없어질 것입니다.

불교에서 말하는 진정(眞定)[31]이라는 것도 단지 이 마음을 보존하는 것에 달려 있을 뿐입니다. 위로 천리(天理)를 통달하는 점은 유교와 불교가 마찬가지입니다.[32] 다만 인사(人事)에 그 도리를 시행할 적에 발을 디딜 실지(實地)가 없기 때문에 우리 유가에서는 불교를 배우지 않는 것입니다. 전하께서는 이미 불교를 좋아하시니,[33] 그 마음을 학문하는 데로 옮기시면, 그것이 곧 우리 유가의 일이 될 것입니다. 그러면 어린아이가 부모를 잃어버렸다가 자기 집으로 돌아와 부모·친척·형제·친구를 다시 만난 것처럼 어찌 기쁘지 않겠습니까.

하물며 '정치를 하는 것은 사람에게 달려 있으니, 임금이 인재를 등용할 적에는 수신(修身)한 몸으로써 해야 하고,[34] 자신을 수양할 적에는 도(道)로써 해야 한다'[35]고 하는 데에 있어서야 말할 것이 있겠습니까. 전하께서 만약 수신한 몸으로 인재를 등용하신다면 조정에서 임금을 보필하는 신하 가운데 사직을 보위하지 못할 자가 없을 것입니다. 그러니 나랏일에 저처럼 우매하고도 미천한 자가 무슨 소용이 있겠습니까.

만약 인재를 등용할 적에 〈수신한 몸으로써 하지 않고〉 눈에 보

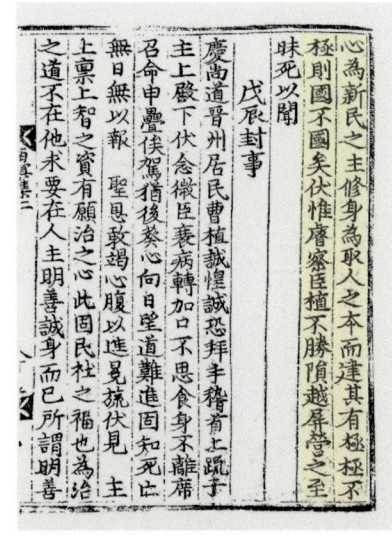

을묘사직소(3)

이는 것으로써 하신다면 잠자리에서 모시는 사람 외에는 모두 전
하를 속이고 저버리는 무리일 것입니다. 그렇게 되면 앞뒤가 꽉
막혀 소신과 같이 고집스러운 자가 또한 무슨 소용이 있겠습니까.
훗날 전하께서 왕도정치(王道政治)를 하시는 경지로 교화를 이룩
하시면, 신은 마부들의 말석에서나마 채찍을 잡고 마음과 힘을 다
해 신하의 직분을 극진히 할 것이니, 임금을 섬길 날이 어찌 없겠
습니까.

　엎드려 바라옵건대, 전하께서는 반드시 정심(正心)으로 백성을
새롭게 변화시키는 요점을 삼으시고[36], 수신(修身)으로 인재를 등
용하는 근본을 삼으시어 황극(皇極)의 법도[37]를 세우십시오. 그 법

도가 법도답지 않으면 나라는 나라 구실을 하지 못할 것입니다.
엎드려 바라옵건대, 밝게 살펴주소서.

　신 조식은 지극히 떨리고 두려운 마음을 감당할 수 없습니다.
죽음을 무릅쓰고 아룁니다.

02
을묘사직소
원문

宣務郞新授丹城縣監臣曺植 誠惶誠恐 頓首頓首 上疏于主上殿下
伏念 先王不知臣之無似 始除爲參奉 及殿下嗣服 除爲主簿者再
今者 又除爲縣監 慄慄危懼 如負丘山 猶不敢一就黃琮一尺之地 以
謝天日之恩者 以爲人主之取人 猶匠之取木 深山大澤 靡有遺材 以
成大厦之功 大匠取之 而木不自與焉 殿下之取人者 有土之責也 臣
不任爲慮 用是 不敢私其大恩 而踽踽難進之意 則終不敢不達於側
席之下矣

抑臣難進之意 則有二焉 今臣年近六十 學術疎昧 文未足以取丙
科之列 行不足以備灑掃之任 求擧十餘年 至於三刖而退 初非不事
科擧之人也 就使人有不屑科目之爲者 亦不過悻悻一段之凡民 非
大有爲之全才也 況爲人之善惡 決不在於求擧與不求擧也 微臣盜名
而謬執事 執事聞名而誤殿下

殿下果以臣爲如何人耶 以爲有道乎 以爲能文乎 能文者 未必有

뇌룡정
「을묘사직소」는 남명 선생이 뇌룡정에 은거할 때 올린 상소이다.

道 有道者 未必如臣 非但殿下不知 宰相亦不能知也 不知其人而用
之 爲他日國家之恥 則何但罪在於微臣乎 與其納虛名而賣身 孰若
納實穀而買官乎 臣寧負一身 不忍負殿下 此所以難進者 一也

抑殿下之國事已非 邦本已亡 天意已去 人心已離 比如大木 百年
虫心 膏液已枯 茫然不知飄風暴雨何時而至者 久矣 在廷之人 非無
忠志之臣夙夜之士也 已知其勢極而不可支 四顧無下手之地 小官嬉
嬉於下 姑酒色是樂 大官泛泛於上 唯貨賂是殖【史論 1】河魚腹痛
莫肯尸之 而且內臣樹援 龍挐于淵【史論 2】外臣剝民 狼忢于野 亦
不知皮盡而毛無所施也 臣所以長想永息 晝以仰觀天者 數矣 噓唏
掩抑 夜以仰看屋者 久矣

慈殿塞淵 不過深宮之一寡婦 殿下幼沖 只是先王之一孤嗣 天災
之百千 人心之億萬 何以當之 何以收之耶 川渴雨粟 其兆伊何 音哀
服素 形象已著 當此之時 雖有才兼周召 位居鈞軸 亦末如之何矣 況
一微身材如草芥者乎 上不能持危於萬一 下不能庇民於絲毫 爲殿下
之臣 不亦難乎 若賣斗筲之名 而賭殿下之爵 食其食而不爲其事 則
亦非臣之所願也 此所以難進者 二也

且臣近見 邊鄙有事 諸大夫旰食 臣則不自爲駭者 嘗以爲此事發
在二十年之前 而賴殿下神武 於今始發 非出於一夕之故也 平日 朝
廷以貨用人 聚財而散民 畢竟將無其人 而城無軍卒 賊入無人之境
豈是怪事耶 此亦對馬島倭奴 陰結向導 作爲萬古無窮之辱 而王靈
不振 若崩厥角 是何待舊臣之義 或嚴於周典 而寵仇賊之恩 反加於
亡宋耶 視以世宗之南征 成廟之北伐 則孰如今日之事乎

然若此者 不過爲膚革之疾 未足爲心腹之痛也 心腹之痛 痞結衝
塞 上下不通 此乃卿大夫乾喉焦脣 而車馳人走者也 號召勤王 整頓
國事 非在於區區之政刑 唯在於殿下之一心 汗馬於方寸之間 而收
功於萬牛之地 其機在我而已

獨不知殿下之所從事者何事耶 好學問乎 好聲色乎 好弓馬乎 好
君子乎 好小人乎 所好在是 而存亡繫焉 苟能一日惕然警悟 奮然致
力於學問之上 忽然有得於明新之內 則明新之內 萬善具在 百化由
出 舉而措之 國可使均也 民可使和也 危可使安也 約而存之 鑑無不
空 衡無不平 思無邪焉

佛氏所謂眞定者 只在存此心而已 其爲上達天理 則儒釋一也 但
施之於人事者 無脚踏地 故吾家不學之矣 殿下旣好佛矣 若移之學
問 則此是吾家事也 豈非弱喪而得其家 得見父母親戚兄弟故舊者乎

況爲政在人 取人以身 修身以道 殿下若取人以身 則帷幄之內 無
非社稷之衛也 容何有如昧昧之微臣乎 若取人以目 則袵席之外 盡
是欺負之徒也 亦何有如碌碌之小臣乎 他日 殿下致化於王道之域
則臣當執鞭於厮臺之末 竭其心膂 以盡臣職 寧無事君之日乎 伏願
殿下 必以正心爲新民之主 修身爲取人之本 而建其有極 極不極 則
國不國矣 伏惟睿察 臣植不勝隕越屛營之至 昧死以聞

03
『명종실록』˙
사론

【사론 1】
번역문 "낮은 벼슬아치들은……있습니다." 뒤의 사론

  이 말은 당시의 병통을 바로 지적한 것이다. 오늘날 공도(公道)
는 쓸어버린 듯이 없어졌고 사문(私門)이 크게 열려, 떼를 지어 다
니는 자들은 공사(公事)를 받들어 행할 생각은 하지 않고 오직 자
신의 이익만을 일삼고 있다. 하는 일 없이 빈둥빈둥 세월만 보내
면서 나랏일이 어떻게 되어가는지를 전혀 모르고 있으니, 어찌 비
통한 마음을 금할 수 있겠는가. 조식(曺植)은 초야의 일사(逸士)[38]
로서 한 시대의 높은 명망을 짊어진 사람이다. 그는 임금의 부름
을 받고 벼슬길에 나가더라도 어찌해 볼 수 없다는 것을 스스로

• 이 사론은 『명종실록』 권19 명종 10년(1555, 乙卯) 11월 19일, 20일, 21일 조 및
   권22 명종 12년(1557, 丁巳) 1월 30일 조에 실려 있는 것들이다.

알고 있었다. 그러므로 상소하여 진언하면서 당시의 폐단을 절실
하게 비판하였으니, 또한 강직하지 않은가.

　此言正中當時之病　今者　公道掃地　私門大開　逐隊隨行者　不以奉
公爲念　唯以利己爲事　悠悠度日　謾不知國事之爲何如　可勝痛哉　植
以草野之逸士　負一時之高名　自知雖就徵而不能有所爲　故陳疏進言
譏切時弊　不亦讜乎

【사론 2】
번역문 "조정의 신하는……심고" 뒤의 사론

이는 승냥이와 이리 같은 무리가 정권을 잡고 있다는 의미이니,
그 말뜻이 은미하고도 심장하다.

　此豺狼當道之意　其辭旨　微且深矣

【사론 3】
「을묘사직소」 뒤에 붙은 사론

　사신은 논한다: 조식은 유일(遺逸)[39]의 선비로서 시골에 살고
있다. 벼슬이나 녹봉을 뜬구름처럼 하찮게 보는 인물이지만, 오히
려 임금을 잊지 않고 있다. 충심으로 나라를 걱정하는 마음이 상

소에 드러났는데, 간절하고 솔직한 성품을 숨기지 않고 아뢰었으니, 명성을 헛되이 얻은 사람이 아니라고 할 만하다. 조식은 현인이로구나.

　史臣曰 植以逸士而在畎畝 雖視爵祿如浮雲 而猶不忘君 惓惓有憂國之心 發於言辭 切直不避 可謂名不虛得者矣 其賢矣哉

【사론 4】
「을묘사직소」 뒤에 붙은 사론

　사신은 논한다: 세상이 쇠미해지고 도가 희미해져서 염치가 다 없어지고 사기(士氣)와 절조(節操)가 땅을 쓸어버린 듯이 사라졌다. 유일(遺逸)이란 이름을 칭탁하여 공적과 명예를 탐하는 자들이 참으로 많은데, 어질구나! 조식이여. 몸가짐이 다듬어지고 깨끗하며 초야에 숨어 살지만 난초와 같은 향기가 저절로 퍼져 명망이 조정에까지 알려졌다. 전에 참봉(參奉)에 차임(差任)[40]되었고, 또 주부(主簿)에 제수된 것이 두 번 세 번에 이르렀지만 모두 머리를 저으며 나오지 않았다. 그리고 지금 수령의 직임[41]은 영광스러운 벼슬이라 말할 만하며, 특별히 제수한 은명(恩命)은 찾아보기 드물다고 이를 만하다. 그런데도 가난한 삶에 안분지족하면서 스스로 도를 즐거워하여 끝내 나오려 하지 않았으니, 그 지향을 높이 살 만하다.

그러나 세상사를 잊는 데에 과감하지 못하여 상소를 올려 의리를 쟁론하였으며 당시의 폐단을 극렬하게 논하였다. 그 말은 간절하고 의리는 강직했으며, 시대를 걱정하고 변란을 근심하였다. 명덕을 밝히고 백성을 새롭게 변화시키는 경지로 우리 임금을 인도하려 하였으며, 왕도정치를 하시는 경지로 풍화를 이룩하길 바랐으니, 나라를 걱정하는 정성이 지극하도다.

아! 마침내 뜻한 바를 대궐의 임금에게 진달했으나 은거하는 초야에서 일생을 마쳤으니, 그 마음은 충성스럽고 그 절개는 고상하도다. 오늘날 이처럼 자신을 깨끗이 하여 은거하는 선비가 있는데, 그를 존숭하여 포상하거나 등용하지 않고 도리어 그를 공손하지 못하고 공경하지 못하다고 책망하였다. 그러니 세도가 날로 떨어지고 명분과 절개가 없어지는 것은 당연한 일이다. 나라가 위태롭고 망할 조짐이 아마도 벌써 나타났나 보다.

史臣曰 世衰矣 道微矣 廉恥頓喪 氣節掃如 托名遺逸 擬賭功名者 固多其人矣 賢哉植也 持身修潔 韜光草野 蘭香自聞 名達朝廷 旣差參奉 又除主簿者 至再至三 旣皆掉頭 而且今五馬之職 可謂榮矣 特授之恩 可謂稀矣 而安貧自樂 終不肯就 其志可尙也 然非果於忘世 陳疏抗義 極論時弊 辭懇義直 傷時憂亂 欲納吾君於明新之地 冀致風化於王道之域 其憂國之誠至矣 嗚呼 畢達所志於紫宸之上 而以終天年於衡門之下 其心則忠 而其節則高矣 當今之時 有如此恬退之士 而不之尊尙褒用 而反責之以不恭不敬 宜乎世道之日卑 而名節之板蕩矣 危亡之漸 蓋已成矣

【사론 5】
「을묘사직소」를 보고 명종이 승정원에 전교한 말 뒤에 붙은 사론

〈명종이〉 승정원에 전교하기를 "지금 조식의 상소를 보니, 말이 간절하고 솔직한 듯하지만, 자전(慈殿)에 대해 공손하지 못한 말이 있다. 이 자는 임금과 신하 사이의 의리를 모르는 듯하니, 매우 한심한 일이다. 승정원에서 이런 상소를 보았으면 신하된 자의 마음으로 통탄하고 분개하며 그에게 죄를 주라고 주청(奏請)해야 마땅하다. 그런데 평안한 마음으로 펼쳐 보고 한마디도 아뢰지 않았으니, 더욱 한심한 일이다. 이런 자를 임금과 신하의 명분을 아는 자라고 하여 천거했단 말인가. 임금이 아무리 어질지 못하더라도 신하로서 어찌 차마 모욕적인 말을 할 수 있단 말인가. 이것이 현인군자가 임금을 사랑하고 윗사람을 공경하는 일이란 말인가. 곡식을 바치게 하고서 벼슬에 임명하는 것이 아름다운 일은 아니지만, 옛날에도 그런 일이 있었다. 이는 분명 백성의 목숨을 소중하게 여기기 때문에 그리한 것이리라. 요즘 사람은 고매한 명성만을 숭상할 뿐이니, 수많은 백성이 굶어 죽어 구렁텅이에 나뒹구는 것을 가만히 앉아 보기만 하면서 구원하지 않아도 되겠는가. 그는 나를 부처를 좋아하는 사람이라고 하였는데, 내가 학식이 밝지 못해 명덕을 밝히고 백성을 새롭게 변화시키는 공부를 잘하지는 못하지만, 어찌 불교를 좋아하고 숭상하는 데에 이르렀겠는가. 그렇지만 이런 말들은 오히려 가상히 여겨 받아들일 수 있다. 그러나 공손하지 못한 말이 자전에까지 미치는 것은 매우 통탄하고 분개할 일이다. 임금에게 공경하지 않은 죄를 다스리고 싶지만, 유일(遺逸)의 선비라는 이름이 있기에 짐짓 내버려두고 그 죄를 묻지 않겠다. 이조(吏曹)[42]로 하여금 속히 그의 관직을 바꾸어 차임(差任)하도록 하라. 나의 부덕을 헤아리지 못하고 작은 고을에 대현(大賢)을 굽히게 하려 하였으니,【〈사신은 논한다〉: 이 말은 참으로 임금이 할 말이 아니다. 옛날의 제왕에 비하면 참으로 부끄러운 점이 있다.】 이는 내가 영민하지 못한 탓이다. 승정원에서는 이를 알라."라고 하였다.

다시 전교하기를 "소장의 내용 중에 '자전께서는 생각이 깊으시기는 하지만 깊숙한 궁중에 사시는 한 과부에 지나지 않으시고'라고 하였는데, 이는 공손하지 못한 말이다. 또 '전하의 신하가 되는 것이 또한 어렵지 않겠습니까'라고 하였는데, 이 말도 공손하지 못한 말이다. 또 '음악 소리가 슬프고 사람들이 흰옷을 즐겨 입으니, 소리와 형상에서 이미 그 조짐이 드러난 것입니다'라고 하였는데, 이 말은 곧 불길한 말이다."라고 하였다.

傳于政院曰 今觀曹植之疏 雖似切直 有不恭之辭於慈殿 似不識君臣之義 至爲寒心 政院見如此之疏 於臣子之心 所當痛憤請罪 而安心披見 無一言啓之 尤爲寒心 此人 可謂知君臣名分而擧薦乎 君雖不賢 以臣子 豈忍發辱言哉 是乃賢人君子愛君敬上之事乎 納粟補官 雖非美事 古亦有之 必重民命也 今者 徒尙高名 坐視百萬生靈

盡塡溝壑 而莫之救乎 且以予爲好佛 予學識不明 縱不能爲明新之
功夫 豈至於好尙佛敎哉 雖然如此等語 猶可嘉納 不恭之言 涉於慈
殿 極爲痛憤 欲治不敬君上之罪 而名之曰逸士 故置而不問 其令吏
曹 速爲改差 不量予之否德 欲屈大賢於小縣【斯言 固非王者所可道
之言也 比之於古之帝王 則誠有所愧矣】是予不敏之過 政院知悉
　　仍傳曰 疏辭以爲慈殿塞淵不過深宮之一寡婦 此乃不恭之言也 爲
殿下之臣不亦難乎 此亦不恭之言 晉哀服素 聲像已著 此乃不吉之
言也

　　사신은 논한다: 임금이 조식의 상소에 답하지 않았을 뿐만 아
니라, 도리어 엄중한 말을 내려서 승정원이 처벌을 주청하지 않은
것을 질책하였으니, 언로(言路)[43]가 막히게 된 것이 이로부터 더욱
심해졌고, 임금의 성대한 덕에 허물됨이 이로 말미암아 더욱 커졌
다. 온 나라의 선비들이 '임금이 무엇을 좋아하고 무엇을 싫어하
는지'를 알게 되어서 장차 아첨하며 윗사람의 명령을 따르기만 할
것이니, 훗날 나라가 위태로워지고 망하는 화란이 닥치더라도 누
가 기꺼이 그런 점을 말하려 하겠는가. 임금의 말이 한 번 나오면
사방에 전파되니, 관계된 바가 어찌 중대하지 않겠는가. 그런데
전교가 이와 같으니, 이는 바로 온 나라 사람들의 입을 틀어막아
서 감히 말을 하지 못하게 한 것이다. 애석하도다.

　　史臣曰 曹植之疏 非但不爲答之 反下嚴辭 以責政院之不請罪 言
路之塞 自此尤甚 而盛德之累 由玆益大 一國之士 知好惡之所在 而

將爲詔諛承順之歸 他日 雖有危亡之禍 而誰肯言之哉 王言一出 四
方傳之 機關 豈不重且大乎 傳敎如是 是乃杜一國之口 而使之莫敢
言也 惜哉

　사신은 논한다: 조식은 오늘날 유일(遺逸)의 선비 중에서 가장
어진 사람이다. 재능이 뛰어나고 행실이 깨끗하며 또 학식도 있다.
초야에서 곤궁하게 지내건만 영리(榮利)를 바라지 않고, 조정에서
여러 차례 불렀으나 나오지 않고 자기 지향을 고상하게 하였다.
영광스러운 수령 자리에도 부임하지 않았으나, 오히려 나라를 걱
정하는 마음을 품고 곧은 말로 쟁론하는 상소를 올려 당시의 폐단
을 곧바로 지적하였으니, 이 어찌 임금과 신하 사이의 의리를 모
르는 사람이겠는가. '자전께서는 깊숙한 궁중에 사시는 한 과부에
지나지 않으시고'라는 말은, 조식이 지어낸 것이 아니고 선현의
말[44]을 인용하여 글을 엮은 것이니, 이것이 어찌 공손하지 못한 말
이겠는가. 포상하여 장려하지는 않고 견책하기를 매우 엄하게 하
였으니, 이는 임금을 보필하고 인도하는 신하 중에 적임자가 없고
학문이 넓지 못해서 그렇게 된 것이다. 정승의 직임에 있는 자도
잘못을 바로잡아 문제를 해결하지 못하여 조식처럼 현명한 사람
이 초야에 버려져 등용되지 못하였다. 임금에게 진언(進言)하는 길
이 막히고, 현인(賢人)을 불러들이는 일이 폐지되었고, 지치(至治)
를 이룩하는 도가 없어졌으니, 세도가 야박해진 것이 어찌 괴이하
겠는가.

史臣曰 "植方今遺逸之最賢者也 才高行潔 又有學識 窮居草野 不
慕榮利 累徵不就 高尙其志 雖不赴五馬之榮 而猶懷憂國之心 抗疏
直語 正中時弊 則是豈不識君臣之義者乎 以慈殿爲深宮之一寡婦之
語 非植之造作 乃用先賢之言而措辭 則是豈不恭之語乎 褒獎不擧
而譴責甚嚴 是由輔導之無其人 而學問之不博而然也 在台鼎之任者
又不能匡救而解釋之 有賢如植 虛棄草澤而莫用焉 進言之路 塞矣
招賢之事 廢矣 致治之道 滅矣 世道之澆薄 何足怪哉"

【사론 6】
승지 백인영 등이 대죄하자 명종이 전교한 뒤에 붙은 사론

승지 백인영(白仁英)·신희복(愼希復)·윤옥(尹玉)·박영준(朴永
俊)·심수경(沈守慶)·오상(吳祥)이 아뢰기를 "신 등이 조식의 상
소를 보고서 또한 온당치 않은 말이 있는 것을 알았습니다. 그러
나 본도(경상도)의 감사가 접수하여 올려보낸 상소였기에 승정원
에서는 입계(入啓)[45]하지 않을 수 없었습니다.【승지는 왕의 후설
(喉舌)[46]에 해당하는 자리에 있으면서 왕명을 출납하는 책임을 맡
는다. 그런데 감히 책임을 감사에게 돌리며 '입계하지 않을 수 없
었다'고 스스로 진술하였으니, 이것이 참으로 유윤(惟允)[47]의 뜻인
가? 여론이 격렬하게 일어나는 것이 당연하다.】다만 입계할 때
온당치 않은 말이 있다는 뜻을 함께 아뢰었어야 했는데, 신 등이

망령되게 '이는 초야에 사는 사람이 글을 지을 적에 말이 공손하지 못하다는 것을 깨닫지 못하여 이와 같이 거칠고 망령된 말【조식의 말을 과연 거칠고 망령된 말이라고 할 수 있을까? 승정원의 이 말은 임금의 명을 그대로 따르기만 한다는 죄를 면치 못할 것이다.】을 한 것이니, 참으로 따질 것도 못 된다'고 생각했습니다. 그러므로 그 점을 아뢰지 않았던 것입니다. 지금 전교를 받들고 보니, 황공한 마음을 금할 수 없어 대죄(待罪)[48]합니다."라고 하니, 전교하기를 "대죄하지 말라. 감사가 그런 말을 보았으면 온당치 않은 말이 있다는 의사를 갖추어 치계(馳啓)[49]했어야 마땅하다. 비록 치계하지 않더라도 잘못을 바로잡아 질책하며 물리쳐야 옳다. 그런데 그렇게 하지 않았으니, 감사부터 신하로서의 체모를 크게 상실한 것이다."라고 하였다.

承旨白仁英愼希復尹玉朴永俊沈守慶吳祥啓曰 臣等見曹植之疏 亦知有未安之辭 而其道監司 旣受而上送 院則不得已入啓【承旨居喉舌之地 任出納之責 而乃敢歸於監司 自陳其不得已入啓云 是固惟允之義耶 物論之激發宜矣】但入啓時 當竝達未安之意 而臣等妄料 此乃草野之人 必是措辭之際 不覺涉於不恭 如此狂妄之言【植之言 果可謂狂妄乎 此不免承順之罪矣】固不足數 故不爲啓之 今承傳敎 不勝惶恐待罪 傳曰 勿待罪 監司若見之 則未安之意 當具由馳啓 雖不馳啓 糾正責退 可也 而自監司大失臣子之體也

사신은 논한다: 무릇 상소의 내용이 간절하고 솔직한 경우, 감

사가 잘못을 바로잡아 질책하며 물리친다면, 사람들로 하여금 임금의 잘못을 감히 말하지 못하게 하여 끝내 임금의 총명을 가리는 재앙이 일어날 것이다. 대저 신하가 임금을 섬길 적에는 임금의 명령은 따르지 않더라도 임금의 의중은 따르기 마련인데, 하물며 정령(政令)에 반포하여 자기를 따르게 하는 것이야 말해 무엇하겠는가. 신하로서의 체모를 크게 상실했다고 질책하였으니, 임금이 의도하는 바를 누가 감히 어기겠는가. 아! 이는 임금의 성대한 덕에 큰 허물이 될 뿐만 아니라, 실로 치란(治亂)과 흥망(興亡)에 관계되는 것이다. 그러니 어찌 개연히 길이 탄식하지 않을 수 있겠는가.

史臣曰 凡疏辭之切直者 若監司紏正責退之 則是使人不敢言君上之過失 而終有壅蔽之禍矣 大抵人臣之事君 不從其令而從其意 況布之於政令而使從之乎 責以大失臣子之體 則上意所在 誰敢有違乎 噫 此非但爲盛德之大累 實治亂興亡之所關 豈不慨然長歎乎

【사론 7】
『명종실록』 권19, 명종 10년(1555) 11월 20일 기사의 사론

성상께서 오늘 아침 조회에서 신하들이 아뢰는 일을 듣고 심리하였다. 시강관(侍講官)[50] 정종영(鄭宗榮)[51]이 아뢰기를 "성상께서 조식의 상소를 보시고 전교하셨습니다. 신 등은 그 상소를 보지 못하여 그 말이 어떤지를 모르겠습니다만, 말이 자전(慈殿)을 핍박하였다면 죄를 다스려도 될 것입니다. 그러나 이 사람은 유일(遺逸)의 선비로서 성품이 거칠고 촌스러워 예모(禮貌)를 차릴 줄 몰라서 그런 말을 한 것입니다. 옛날 제왕은 초야에 물러나 은거하는 선비를 대우하는 것과 갑옷을 입고 투구를 쓴 무사를 대우하는 것[52]이 특이하였습니다. 성상께서 엉성하고 세련되지 못한 그의 태도를 질책하지 않으시고, 그가 벼슬을 구하지 않고 물러나 사는 지향을 귀히 여기신 뒤에야 옛날 제왕이 벼슬을 구하지 않고 물러나 청렴한 절개를 지키며 사는 선비를 숭상한 것과 같을 것입니다. 지난번 이희안(李希顔)[53]【초계(草溪) 사람으로 성품과 행실이 단정하고 정중하며 공손하고 근신하여 유일의 선비로서 명망이 한 시대에 높았다. 그를 불러 고령현감(高靈縣監)에 제수했는데 겨우 3년 동안 벼슬살이를 하고서 벼슬을 버리고 고향으로 돌아갔다.】이 벼슬을 버리고 떠나자, 성상께서 잡아다 추고(推考)[54]하려 하다가 그만두셨습니다.[55] 조식과 이희안은 같은 부류의 사람입니다. 이미 이희안을 잡아다 추고하려 하셨고, 또 조식의 상소를 질책하셨습니다. 멀리 초야에서 은거하는 사람은 그 상소에서 아뢴 말이 공손하지 못했기 때문에 질책하신 줄은 모르고, 성상께서 선비를 대우하는 도리가 옛날 제왕만 못하다고만 여길 것입니다. 그러면 사기(士氣)가 꺾이게 됩니다.”라고 하였다.

上聽朝啓 侍講官鄭宗榮曰 自上見曺植之疏 而有傳敎之語 臣等不見其疏 未知其言之何如 苟語逼於慈殿 則雖治罪 可矣 但此人遺

逸之士 其性疎野 不知禮貌而然也 古之帝王 待林壑退藏之士與介
胄之士 異矣 夫不責疎野之態 而貴其恬退之志 然後與古帝王 崇尙
恬退淸節之士 同矣 前者 李希顔【草溪人 性行端重恭謹 以遺逸之
士 名高一世 徵爲高靈縣監 居官僅三年 棄官歸家】棄官 自上欲拿
推而不爲焉 植與希顔 一槪人也 旣欲拿推希顔 而又責曺植之疏 外
方之士 不知以其疏辭之不恭 而以爲自上待士之道 不如古之帝王云
則士氣摧折矣

사신은 논한다: 이희안은 한 시대 유일(遺逸)의 선비로서 닭을
잡을 작은 재주만 써도 되는 조그만 고을에 소를 잡을 큰 재주를
가진 사람을 임명하였으니, 포부를 펼 수 없어서 벼슬을 버리고
고향으로 돌아간 것이다. 조정에서는 그가 초야로 물러나 은거하
려는 절개를 더욱 숭상하여 그 사람을 융숭하게 장려하는 것이 마
땅한데, 감사 정언각(鄭彦慤)【이 사람은 성품이 간사하고 표독하
며, 뱃속에는 남을 해롭게 하는 마음이 가득했으므로, 당시 사람
들이 무서워서 똑바로 쳐다보지 못했다.】은 도리어 처벌을 주청
하여, 성상이 그를 잡아다 추고하라고 명하였으니, 유일의 선비를
대우하는 의리가 이로부터 무너지기 시작하였다. 만약 대신이 간
언하여 만류하지 않았더라면 그를 형틀에 묶는 치욕스러운 일이
유일의 선비에게 미칠 뻔하였으니, 어찌 밝은 임금이 다스리는 시
대의 큰 허물이 아니겠는가. 임금의 명령이 한 번 떨어지자, 사기
가 절로 꺾였다. 그렇다면 정언각의 죄 또한 크지 않은가.

史臣曰 希顔 以一世之逸士 試牛刀於割雞 志不得行 抛官歸家 朝
廷所當益尙恬退之節 優奬其人 可也 而監司鄭彦慤【爲人性邪毒 滿
腔子都是害人之心 時人側目】乃反請罪 自上命拿推之 待逸士之義
於是乎始乖矣 苟非大臣之諫止 則枷鎖之辱 幾及於隱逸之士 豈非
明時之大累耶 王言一下 士氣自摧 然則彦慤之罪 不亦甚乎

【사론 8】
『명종실록』권19, 명종 10년(1555) 11월 20일 기사의 사론

정종영이 또 아뢰기를 "엄광(嚴光)[56]·주당(周黨)[57]은 모두 고상
한 선비입니다. 한(漢)나라 광무제(光武帝)가 엄자릉(嚴子陵)[58]을
친구로 대우했으니, 엄자릉이 광무제의 배에 발을 올려놓은 것[59]
은 당연한 일입니다. 그러나 주당의 경우는 임금과 신하의 분수
가 있는데 부복(俯伏)[60]하기만 하고 배알(拜謁)[61]하지 않았습니다.
이에 박사 범승(范升)이 '이는 화려한 이름을 얻으려는 것으로 신
하의 예의가 없는 것입니다'라고 하자, 광무제가 '옛날의 성스러
운 황제나 밝은 왕들도 모두 복종하지 않는 신하가 있었다'라고
하며 그에게 상을 주었습니다. 이 때문에 사기가 더욱 흥기(興起)
되어 깨끗하게 수신한 선비가 많아졌습니다. 그러므로 한나라 말
엽에 간웅(奸雄)들이 황제를 둘러싸고 기회를 엿보았으나 감히 손
을 쓰지 못한 것은 맑은 의론이 기강을 부지하고 있었기 때문입

니다. 조식의 상소가 이와 같은 것은 또한 국가의 복입니다."라고
하였다.

정언(正言) 이헌국(李憲國)[62]은 아뢰기를 "전하께서 직언하는 길
을 열어놓고 유일(遺逸)의 선비를 장려하시는데, 이와 같은 일은
조종조에서도 드물었습니다. 지난번 '경연에 나가는 것이 드물다'
는 의도로 승정원에 '임금과 신하 사이는 정의가 부자 사이와 같
다'고 전교하셨으나, 신하가 성상의 의중을 믿지 않고 시속(時俗)
에서는 모두 말하기를 꺼리고 있습니다. 이로써 본다면, 훗날 찬
탈하는 화(禍)가 닥치더라도 임금의 녹을 먹는 자로서 누가 기꺼
이 임금을 사랑하여 직언하겠습니까. 대개 진언하는 도리는 신하
와 선비가 다릅니다. 조정에 있는 신하는 그 말이 급박하지 않고
부드러워야 합니다. 조식과 같은 자는 거칠고 촌스러운 선비로서
옛사람의 글만 알기 때문에 그 말이 곧기만 하고 꾸밈이 적은 것
입니다. 젊어서부터 옛사람의 글을 읽은 자가 어찌 군신의 의리를
모르겠습니까. 성상께서는 '자전(慈殿)께서는 생각이 깊으시기는
하지만 깊숙한 궁중에 사시는 한 과부에 지나지 않으시고'라고 한
말이 공손치 못하다고 여기십니다. 옛날 구양수(歐陽脩)는 '황태후
는 한 사람의 부인(婦人)이다'라고 하였지만, 황태후는 그를 벌하
지 않았습니다.

그리고 조식은 시사(時事)가 날로 그릇되어 가는 것을 보고서 주
상이 위에서 고립되어 백성의 실정을 들을 수 없을까를 염려하였
던 것입니다. 그러므로 그의 생각에 벼슬을 하더라도 어떻게 할

수 없을 것이라 여겼기 때문에 '전하의 신하가 되는 것이 또한 어렵지 않겠습니까'라고 말한 것입니다. 이는 전하를 업신여긴 말이 아닙니다. 이와 같은 말에 대해, 전하께서 항상 두려워하는 생각을 더하시면 그것도 국가의 복입니다. 조정에 가득한 신하로서 그 누가 국가의 은혜를 입지 않았겠습니까. 국가의 은혜 속에서 살아가고 국가의 은혜 속에서 죽는데도 오히려 말을 다 하려고 하지 않습니다. 조식은 초야의 일개 선비로서 목숨을 잃을지라도 후회하지 않을 각오로 이와 같은 말을 하였는데, 전교에 그의 공손치 못한 죄를 심하게 질책하셨습니다.

승정원은 후설(喉舌)의 지위에 있으니, 왕명의 출납을 진실되게 해야 합니다. 그러나 전하의 말씀을 공손히 받드는 일만을 직분으로 여겨서는 안 됩니다. 전교를 받은 뒤에도 '가상히 여겨 받아들이는 것이 옳다'는 뜻을 당연히 아뢰어야 하는데, 허물을 감사에게 돌렸습니다. 앞으로는 감사가 틀림없이 상소를 받아들이지 않아 아랫사람의 실정이 위로 전달되지 않을 것이니, 이는 승정원에서 막은 것입니다. 말 한마디가 나라를 일으킬 수도 있고 나라를 잃게 할 수도 있으며, 종묘사직이 흥하고 망하는 것도 여기에 달려 있습니다. 승정원이 한 번 잘못하여 그 사실이 역사책에 기록되어 후세에 불미스러운 사례가 전해지게 되었으니, 그 임무를 올바로 살피지 못했다고 할 만합니다.

옛날에 숭록대부(崇祿大夫)[63]나 숭정대부(崇政大夫)[64]로 도승지(都承旨)[65]를 겸한 자가 있었던 것은 그 임무를 중하게 여겼기 때

문입니다. 오늘날 승지로 있는 사람이 모두 현명하지 않은 것은
아닙니다. 그러나 성상께서 '임금과 신하 사이는 그 정의가 부자
사이와 같다'고 말씀하셨는데, 이런 때에 옳은 것은 권장하고 나
쁜 것은 바꾸게 하는 일을 할 수 없으면 매우 옳지 않습니다. 조정
에 가득 찬 신하 중에 그 누가 국가의 일에 힘을 다하지 않겠습니
까. 다만 신은 신진(新進)의 선비로 시사(時事)를 잘 모릅니다. 그러
나 태조의 먼 후손으로 신하가 임금에게 공경하지 않는 것을 보면
당연히 처벌을 주청할 것입니다. 어찌 감히 전하를 저버리겠습니
까."라고 하였다.

宗榮又曰 嚴光周黨 皆爲高尙之士也 光武以故人待子陵 子陵之
加足帝腹 宜也 周黨則有君臣之分 而伏而不謁 博士范升曰 釣采華
名 無人臣禮 光武曰 古之聖帝明王 皆有不賓之士 從而賞之 以此士
氣增起 而多淸修之士矣 故漢末奸雄環視 而不敢下手者 以淸議扶
持之故也 曺植之疏如此 亦國家之福也

正言李憲國曰 自上開直言之路 奬遺逸之士 如此之事 在祖宗朝
亦罕矣 前者 以罕御經筵之意 傳于政院曰 君臣之間 情猶父子云 然
臣子不信上意 時俗盡以言爲忌 以此見之 他日 雖有篡奪之禍 食君
之食者 誰肯愛君而發言哉 夫進言之道 內外有異 在廷之臣 則其辭
優游不迫矣 若植者 以疎野之士 但知古人之書 故其言讜直而少文
采也 自少讀古人之書者 豈不知君臣之義乎 自上以慈殿塞淵不過深
宮之一寡婦之言爲不恭 昔歐陽脩以皇太后爲一婦人 而太后不之罪
也 且植見時事日非 而恐主上孤立于上 不得聞下情 故其意以爲雖

日于仕 不能有所爲也 故曰 爲殿下之臣 不亦難乎 此非侮殿下之言
也 若此之言 常加惕念 則亦國家之福也 滿朝之臣 誰不被國恩乎 生
於國恩 死於國恩 而猶不肯盡言 彼植一草野之士 雖折首不悔 而發
如此之言 傳敎深責其不恭之罪 政院居喉舌之地 出納惟允 非但供
職於恭承傳旨之事也 承傳敎之後 所當啓其可以嘉納之意 而徒歸罪
於監司 自此監司 必不受上疏 而下情之不達 自政院塞之也 一言 可
以興邦 可以喪邦 宗社之興喪 在是焉 政院一有所誤 而書之史策 垂
諸後世而不美 可謂不察其任矣 古者 有以崇祿崇政兼帶都承旨者
所以重其任也 今之居是職者 未必皆不賢也 然自上以爲君臣之間情
猶父子云 而不能於此時 有獻可替否之事 甚不可也 滿朝之臣 誰不
盡力於國事乎 顧臣以新進之士 固不知時事矣 然以太祖之苗裔 見
臣子有不敬君上者 則所當請罪 豈敢負殿下乎

사신은 논한다: 이헌국의 말은 간절하고 솔직하다. 승정원의
과실을 깊이 질책하였으니, 마땅하다고 이를 만하다.
　史臣曰：憲國之言切直 而深責政院之失 可謂當矣

【사론 9】
『명종실록』권19, 명종 10년(1555) 11월 20일 기사의 사론

성상께서 이르기를 "나는 계교와 사려가 얕고 짧은 데다 학식이

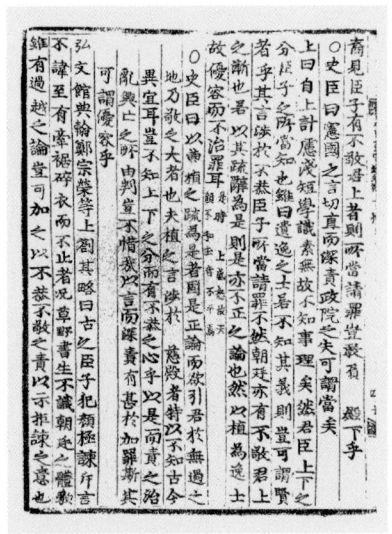

『명종실록』 사론

본래 없기 때문에 사리를 모른다. 그러나 임금과 신하의 상하 분
수에 대해 신하는 마땅히 알아야 할 것이다. 아무리 유일(遺逸)의
선비라 할지라도 그 의리를 알지 못하면 어찌 현명한 사람이라고
할 수 있겠는가. 그의 말이 공손하지 못한 데에 관계되면 신하가
된 자는 마땅히 처벌을 주청(奏請)해야 한다. 그렇게 하지 않으면
조정에서도 임금을 공경하지 않는 조짐이 있을 것이다. 만약 그
상소의 내용을 옳다고 여긴다면 그것도 올바르지 못한 의론이다.
그러나 조식을 유일의 선비로 여기기 때문에 너그러이 용납하고
죄를 다스리지는 않는다.”라고 하였다.【이때 성상이 대단히 노여
워했기 때문에 안색이 온화하지 않았고, 음성도 고르지 않았다.】

上曰 自上計慮淺短 學識素無 故不知事理矣 然君臣上下之分 臣子之所當知也 雖曰遺逸之士 若不知其義 則豈可謂賢者乎 其言涉於不恭 臣子所當請罪 不然 朝廷亦有不敬君上之漸也 若以其疏辭爲是 則是亦不正之論也 然以植爲逸士 故優容而不治罪耳【是時上盛怒 故天顔不和 玉音不平焉】

사신은 논한다: 조식의 상소를 옳다고 하는 것이 참으로 정론(正論)이다. 이는 임금을 과실이 없는 지경으로 인도하려 한 것으로, 곧 임금을 공경하는 일 중에서도 큰 것이다. 조식의 말이 자전에 관계된 것은 옛날과 오늘날 쓰는 말의 합당함이 서로 다른 줄을 몰랐기 때문이다. 어찌 상하의 분수를 모르고서 공손하지 못한 마음을 품었겠는가. 이로써 조식을 질책하여 치란과 흥망이 이로부터 나누어지게 되었으니, 어찌 애석하지 않겠는가. 말로 심하게 질책한 것이 죄주는 것보다 더 심하였으니, 이것이 어찌 너그러이 용납한 것이라고 말할 수 있겠는가.

史臣曰 以曺植之疏爲是者 固是正論 而欲引君於無過之地 乃敬之大者也 夫植之言 涉於慈殿者 特以不知古今異宜耳 豈不知上下之分 而有不恭之心乎 以是而責之 治亂興亡之所由判 豈不惜哉 以言而深責 有甚於加罪 斯其可謂優容乎

【사론 10】
『명종실록』 권22, 명종 12년(1557) 1월 30일 기사 뒤의 사론

　사신은 논한다: 맹자(孟子)가 '잘난 체하는 얼굴빛이 천 리 밖에서 나오려는 사람을 막는다'고 했으니[66], 임금이 마음을 열고 정성을 보여 지향이 크고 곧은 선비를 포용하지 않으면 누가 우레와 같은 임금의 위엄 아래에서 말을 다 하려고 하겠는가. 조식의 상소에 임금이 한차례 노여워하자, 초야에서 직언하는 사람들이 서로 경계했고, 간쟁하는 의론을 임금이 여러 번 거절하자, 조정에서 소견이 있는 자들도 묵묵히 입을 다물었다. 이것이 언로가 날로 막히고 기강이 확립되지 못하는 이유이다.

　史臣曰 孟子言訑訑之色 拒人於千里之外 苟不開心見誠 包容狂直 則孰肯盡言於雷霆之下哉 一怒曺植之疏 而草野之危言者 相戒 屢拒諫諍之論 而朝廷之有懷者 隱黙 此言路之日塞 而紀綱之不立也

04

을묘사직소
해설

「을묘사직소」는 크게 다섯 단락으로 구성되어 있다.

첫째 단락은 임금의 은혜에 감사하여 대궐에 나아가 사은숙배를 행하지 못하는 것은 자신이 적합한 인재가 아니기 때문이라는 점을 언급한 뒤, 인재 등용이 임금의 책무라는 점을 강조하면서 목수가 필요한 목재를 골라 집을 짓듯이 적재적소에 인재를 등용해야 한다는 점을 말하였다.

둘째 단락은 자신이 벼슬길에 나갈 수 없는 이유 두 가지를 거론하였다. 첫째는 자신은 도와 문장이 부족한 보잘것없는 사람이라는 것이다. 둘째는 나랏일이 그릇되었고 나라의 근본이 망했으며 하늘의 뜻이 떠났고 민심도 떠나간 현실을 직언한 뒤, 주공(周公)처럼 훌륭한 재주를 가진 사람이 정승 자리에 있어도 손을 쓸 수 없는 위기 상황인데 자신은 이를 타개할 만한 재능이 없다는 것이다.

셋째 단락은 변방에서 왜적이 침입한 사건을 거론하고서, 나랏일을 정돈하는 것은 임금의 마음에 달려 있으니, 학문에 힘써 명덕(明德)을 밝히고 백성을 새롭게 변화시키는 도리를 터득하라는 것이다.

넷째 단락은 『중용』의 말을 인용하여 임금이 수신(修身)한 몸으로 공정하게 인재를 등용해야 한다는 점을 거론하였다.

다섯째 단락은 정심(正心)으로 신민(新民)의 요점을 삼고, 수신으로 인재 등용의 근본을 삼아 왕도(王道)의 법을 세우라는 것이다.

이렇게 보면, 이 상소의 요지는 정심하고 수신하여 왕도의 법을 확립하는 것이 주제이다. 정심과 수신은 『대학』 삼강령의 명명덕의 핵심 조목이니, 결국 임금이 명덕을 밝혀 왕도정치를 해 달라는 것이다.

「을묘사직소」는 나라가 망할 위기에 직면한 것을 직언하면서 명종을 '고아'로 문정왕후를 '과부'로 표현한 것 때문에 명종의 심기를 불편하게 하였다. 기왕의 연구는 이러한 점만 주목하고, 남명 선생이 명종에게 말하고자 한 본의는 제대로 파악하지 못하였다. 초야의 사인(士人)이 6품직인 단성현감을 사양하며 올린 상소에서 현실의 정치를 비판하기만 하였다면, 그것은 신하의 도리가 아니다.

그렇다면 「을묘사직소」에서 남명 선생이 명종에게 말하고 싶었던 것은 무엇일까? 그것은 현실 정치의 문제점과 그에 대한 개선 방안으로 요약할 수 있다. 현실을 진단하고 비판한 것은 왕도의 필요성을 역설하기 위한 전제이다. 그러므로 현실 문제를 직언한 것에만 시선을 두면 그 뒤에 말하고자 하는 왕도를 간과하기 쉽다. 남명 선생은 이 상소의 말미에 왕도정치를 위한 방안으로 임금의 수신과 인재 등용을 건의하였는데, 그 대목을 다시 인용해 본다.

하물며 '정치를 하는 것은 사람에게 달려 있으니, 임금이 인재를 등용할 적에는 수신한 몸으로써 해야 하고, 자신을 수양할 적에는 도로써 해야 한다'고 하는 데에 있어서야 말할 것이 있겠습니까. 전하께서 만약 수신한 몸으로 인재를 등용하신다면 조정에서 임금을 보필하는 신하 가운데 사직을 보위하지 못할 자가 없을 것입니다. 그러니 나랏일에 저처럼 우매하고도 미천한 자가 무슨 소용이 있겠습니까. 만약 인재를 등용할 적에 〈수신한 몸으로써 하지 않고〉 눈에 보이는 것으로써 하신다면 잠자리에서 모시는 사람 외에는 모두 전하를 속이고 저버리는 무리일 것입니다. 그렇게 되면 앞뒤가 꽉 막혀 소신과 같이 고집스러운 자가 무슨 소용이 있겠습니까. 훗날 전하께서 왕도정치를 하시는 경지로 교화를 이룩하시면, 신은 마부들의 말석에서나마 채찍을 잡고 마음과 힘을 다해 신하의 직분을 극진히 할 것이니, 임금을 섬길 날이 어찌 없겠습니까. 엎드려 바라옵건대, 전하께서는 반드시 정심(正心)으로 백성을 새롭게 변화시키는 요점을 삼으시고, 수신(修身)으로 인재를 등용하는 근본을 삼으시어 황극(皇極)의 법도를 세우십시오. 그 법도가 법도답지 않으면 나라는 나라 구실을 하지 못할 것입니다. 엎드려 바라옵건대, 밝게 살펴주소서.

「을묘사직소」의 요지는 바로 이 대목에 있다. 이를 위해 먼저 현실 문제를 가감 없이 직언한 것이다. 여기서 '정치를 하는 것은 사람에게 달려 있으니, 임금이 인재를 등용할 적에는 수신한 몸으로써 해야 하고, 자신을 수양할 적에는 도(道)로써 해야 한다'고 한 것은 『중용』에 보이는 공자(孔子)의 말씀이다. 이는 왕도정치의 근본으로, 임금이 현인을 존숭해서 그와 함께 세상을 다스려야 한다는 논리이다.

왕도를 행하기 위해서는 임금이 먼저 수신해야 한다. 수신을 통해 공정한 마음을 확보하고, 그런 마음으로 인재를 취해야 한다. 이는 당대 권력을 장악한 윤원형(尹元衡)·이기(李芑) 같은 무리는 수신한 몸으로 뽑은 인재가 아니라는 말이라고 볼 수도 있다. 위 인용문에 '만약 인재를 등용할 적에 〈수신한 몸으로써 하지 않고〉 눈에 보이는 것으로써 하신다면 잠자리에서 모시는 사람 외에는 모두 전하를 속이고 저버리는 무리일 것입니다'라고 한 말이 바로 그 점을 지적한 것이다.

이 상소의 주제는 왕도로, 남명 선생이 평생 꿈꾼 경세제민의 이상이다. 남명 선생은 이 왕도를 위해 '임금이 정심(正心)으로 백성을 새롭게 변화시키는 요점을 삼으시고, 수신(修身)으로 인재를 등용하는 근본을 삼으시어 황극(皇極)의 법도를 세우십시오'라고 아뢰었다. 이 대목이 이 상소의 핵심이며 요지이다. 즉 정심과 수신으로 신민(新民)과 취인(取人)의 근본을 확립하라는 것이니, 임금의 명명덕을 먼저 아뢴 것이다. 명덕을 밝혀야 신민을 할 수 있고, 어진 인재를 등용할 수 있다. 그러므로 왕도정치를 펴기 위한 전제로 정심·수신을 진달한 것이다. 이는 남명 선생이 명종에게 바라는 충성스럽고 정직한 진언이다.

　그런데 이 「을묘사직소」를 읽는 사람들은 이런 요지를 버려두고 '임금을 고아라 하고 문정왕후를 과부라고 한' 언설에만 주목하여 세상에 없는 직언이라 말하고 있다. 겉만 보고 속을 들여다보지 못하면 바다처럼 깊은 대현(大賢)의 마음을 어찌 알 수 있으랴.

1 선무랑(宣務郞): 조선 시대 종6품의 품계이다.

2 단성현감(丹城縣監): 조선 시대 단성현에는 현 경상남도 산청군 생비량면·신등
면·신안면·단성면 등지가 속하였다. 조선 시대 현감은 지방 행정기관의 수령으
로서 6품직이었다.

3 제수(除授): 이조(吏曹)에서 임금에게 후보자를 추천하는 절차를 거치지 않고,
임금이 어떤 사람을 관직에 직접 임명하는 것을 말한다.

4 소(疏): 문체의 하나로, 신하가 임금에게 어떤 일을 조목조목 진술하여 올리는
글을 말한다.

5 선왕(先王): 이미 세상을 떠난 앞 시대의 임금을 일컫는 말로, 여기서는 중종(中
宗)을 가리킨다.

6 처음……제수하셨습니다: 박인(朴絪)이 만든 「남명선생연보」에 의하면, 남명 선
생은 1538년 이언적(李彦迪)과 이림(李霖)이 유일(遺逸)로 천거하여 헌릉참봉
(獻陵參奉)에 처음 임명되었으나, 나가지 않았다. 헌릉은 조선 태종과 부인 원경
왕후의 능이며, 참봉은 능을 관리하는 종9품 관직이다.

7 주부(主簿)에……두 번이었는데: 『명종실록』에 의하면, 1552년 3월 경상도 관
찰사 이몽량(李夢亮)이 조식을 천거하였고, 동년 7월 이조(吏曹)에서 조식을 서
용할 것을 건의하여 10월 종6품직인 전생서 주부(典牲署主簿)에 제수하였다. 또
1553년 윤3월 종6품직인 사도시 주부(司䆃寺主簿)와 예빈시 주부(禮賓寺主簿)에
제수하였다. 주부는 관청에서 문서를 담당하는 실무 담당 관원이다.

8 황종(黃琮)이 있는 대궐: 임금이 사는 대궐을 가리킨다. 황종은 옛날 임금이 토
지신에게 제사를 지낼 때 사용하던 황색 옥으로 만든 그릇이다. 『주례(周禮)』
「춘관(春官) 대종백(大宗伯)」에 "푸른 옥으로 하늘에 예를 올리고, 황색 옥으로
땅에 예를 올린다.[以蒼璧禮天 以黃琮禮地]"라고 하였는데, 그 주에 "종(琮)은 팔
각형으로 땅을 본떴다.[琮八方象地]"라고 하였다.

9 사은숙배(謝恩肅拜): 처음 관직에 임명된 사람이 대궐에 나아가 임금의 은혜에
사례하고 엄숙히 네 번 절을 올리는 의식을 말한다.

10 측석(側席): '임금의 옆에 어진 선비를 대우하기 위해 비워 두는 자리'라는 의미

로, 임금을 보좌하는 어진 사람을 가리킨다. 『후한서(後漢書)』 「장제기(章帝紀)」의 주에 "측석은 임금이 앉는 정좌(正座)가 아니라는 말이니, 어질고 선량한 신하를 대우하는 자리이다.[側席謂不正座 所以待賢良也]"라고 하였다.

11 병과(丙科): 조선 시대 문과 최종 시험인 전시(殿試)에서 합격자의 순위를 결정하는데, 갑과(甲科) 3인 및 을과(乙科) 7인은 곧바로 등용하고, 병과(丙科) 23인은 성균관·승문원·교서관에 나누어 권지 성균관 학유(權知成均館學諭), 권지 승문원 부정자(權知承文院副正字), 권지 교서관 부정자(權知校書館副正字) 등의 임시직에 임명하여 실무를 익히게 하였다. 갑과·을과로 합격한 사람은 곧바로 예문관 검열(藝文館檢閱)에 임명하였다.

12 신하: 원문에는 '人'으로 되어 있는데, 『명종실록』에는 '臣'으로 되어 있어 이에 따라 번역하였다.

13 의로운: 원문에는 '志'로 되어 있는데, 『명종실록』에는 '義'로 되어 있어 이에 따라 번역하였다.

14 선비: 원문에는 '臣'으로 되어 있는데, 『명종실록』에는 '士'로 되어 있어 이에 따라 번역하였다.

15 선량: 원문에는 '士'로 되어 있는데, 『명종실록』에는 '良'으로 되어 있어 이에 따라 번역하였다.

16 물고기의……있습니다: 물고기는 배부터 썩어 들어간다는 뜻의 '하어복질(河魚腹疾)'에서 취한 것으로, 어떤 병통이 본격적으로 시작된다는 의미이다. '하어복질'은 『춘추좌씨전』 선공(宣公) 12년 조에 보인다.

17 자전(慈殿): 임금의 어머니를 일컫는 말로, '자성(慈聖)'이라고도 한다. 여기서는 명종의 어머니 문정왕후(文定王后)를 가리킨다.

18 냇물이 마르고: 『국어(國語)』 「주어(周語)」에 "무릇 나라는 반드시 산천(山川)에 의지하니, 산이 무너지고 냇물이 마르는 것은 망할 징조이다.[夫國必依於山川 山崩川竭 亡之徵也]"라고 하였다. 『명종실록』에는 이 구의 간주에 "낙동강 상류가 끊긴 것을 말하는데, 갑인년(1554) 겨울에 이런 변고가 있었다."라고 하였다.

19 하늘에서 곡식이 내렸으니: 『회남자(淮南子)』 「본경훈(本經訓)」에 "예전에 창힐이 문자를 만들자, 하늘이 곡식을 내리고 귀신이 밤에 통곡하였다.[昔蒼頡作書而天雨粟 鬼夜哭]"라고 하였는데, 주에 "이는 본업을 버리고 이익을 추구하기 때문에 하늘이 징조를 보인 것이다."라고 하였다. 『명종실록』에는 이 구의 간주에 "근래 몇 년 동안 이런 재변이 있었다."라고 하였다.

20 음악 소리가 슬프고: 『예기(禮記)』 「악기(樂記)」에 "망해 가는 나라의 음악은 슬프고도 시름겹다.[亡國之音 哀以思]"라고 하였다.

21 사람들이……입으니:『주례(周禮)』「춘관(春官) 사복(司服)」에 "역질이 크게 돌
    고 흉년이 크게 들고 홍수나 가뭄이 들면 임금이 흰옷을 입는다.[大札大荒大災素
    服]"라고 하였다.『명종실록』에는 "음악 소리가 슬프고 사람들이 흰옷을 즐겨
    입으니"의 간주에 "당시의 음악 소리에 애절한 것이 많았고, 민간의 복색에 흰색
    을 숭상한 것을 말한다."라고 하였다.

22 주공(周公): 주나라 문왕(文王)의 아들로 이름은 단(旦)이다. 형 무왕(武王)을 도
    와 은나라 주왕(紂王)을 정벌했다. 무왕이 죽고 어린 조카 성왕(成王)이 즉위하
    자, 그를 도와 주나라의 문물제도를 정비하였다.

23 소공(召公): 주나라 문왕의 아들로 이름은 석(奭)이다. 성왕 때 삼공(三公)이 되
    어 주공과 섬(陝) 땅의 서쪽을 맡아 다스리면서 선정을 베풀어 '소백(召伯)'으로
    불렸다.

24 신: 원문에는 '身'으로 되어 있으나『명종실록』에는 '臣'으로 되어 있어서 이에
    따라 번역하였다.

25 두소(斗筲): 두(斗)는 한 말, 소(筲)는 한 말 두 되들이 대그릇이다. 학식과 도량
    이 한 말이나 한 말 두 되밖에 되지 않아 취할 것이 없는 보잘것없는 사람을 뜻
    하는 말이다.『논어』「자로(子路)」에 "아! 그 한 말 또는 한 말 두 되밖에 안 되는
    사람을 어찌 따지겠는가.[噫 斗筲之人 何足算也]"라고 하였다.

26 옛……엄격하면서: '주나라의 법'은 주나라 초 주공이 만들었다고 전하는『주례
    (周禮)』를 가리키는 듯하다.『명종실록』에는 이 구절의 간주에 "아마도 남쪽 지
    방으로 왜적을 물리치러 나갔던 장수와 군사들에게 형벌을 내린 것을 지목한 듯
    하다."라고 하였으니, '옛 신하를 대우하는 의리'는 왜적을 물리치기 위해 출정
    했던 장병들을 대하는 의리를 의미하는 듯하다.

27 망한……일: 춘추 시대 송 양공(宋襄公)의 일을 가리킨다. 송 양공이 초나라와 싸
    울 때, 초나라 군사가 아직 전열을 정비하지 못한 틈을 타서 공격하자고 참모들
    이 건의하였으나, 송 양공은 '군자는 남을 어려운 지경에 빠뜨리지 않는다'고 말
    하고, 전열을 가다듬기를 기다렸다가 싸워 초나라에 대패하였다. 사람들이 이
    일을 두고 '송양지인(宋襄之仁)'이라 비웃었다.

28 백성은……것입니다: 왜적이 침입하자 백성들이 뿔뿔이 흩어져 달아났다는 말
    이다. 왜적이 침입하면 수레가 있는 사람은 수레를 타고 피난을 가고, 수레가 없
    는 사람은 뛰어서 달아난다는 것이다.

29 명덕(明德)을……변화시키는: 이는『대학』삼강령(三綱領)의 명명덕(明明德)과
    신민(新民)을 말한 것이다. 명덕을 밝히는 일은 격물(格物)·치지(致知)하여 선
    악을 올바로 알고, 그것을 바탕으로 몸과 마음을 수양하는 성의(誠意)·정심(正

心)·수신(修身)하는 것을 말하며, 신민은 명덕을 밝힌 것을 가정과 국가와 온 세상에 미루어 펴는 제가(齊家)·치국(治國)·평천하(平天下)를 말한다.

30 내면의 도리: 원문에는 '內'로 되어 있는데, 경술본(1910)에 '道'로 되어 있어서 '내면의 도리'로 번역하였다.

31 진정(眞定): '참된 선정(禪定)'을 뜻하는 말로, 마음을 하나로 모으고 의식을 살피는 참선을 통해 사려를 멈추고 마음을 응집하여 안정된 경지에 들어가 머문다는 뜻이다.

32 위로……마찬가지입니다: 『명종실록』에는 이 구절의 간주에 "조식의 이 말은 잘못이다. 불교의 학설에 어찌 위로 천리에 통달하는 것이 있는가."라고 하였다.

33 전하께서는……좋아하시니: 명종 초 문정왕후가 섭정할 적에 불교를 독신하여 선종(禪宗)과 교종(敎宗)의 승과(僧科)를 개설하였고, 승려 보우(普雨)를 불러다 궁중에서 불교를 설법하게 하였다.

34 임금이……하고: '임금이 인재를 등용할 적에 몸으로써 해야 한다[取人以身]'는 말은 임금이 자신을 대신할 사람을 뽑는 것이기 때문에 수신을 통한 공정한 마음으로 인재를 선발해야 한다는 뜻이다. 즉 눈으로 보고 귀로 듣는 사람을 등용해서는 안 되고, 임금이 수신하여 공정한 마음을 가진 상태에서 인재를 선발해야 한다는 말이다.

35 정치를……한다: 『중용장구』제20장에 "정치를 하는 것은 사람에게 달려 있으니, 임금이 인재를 등용할 적에는 수신한 몸으로써 해야 하고, 수신할 적에는 도로써 해야 하고, 도를 닦을 적에는 인(仁)으로써 해야 한다.[爲政在人 取人以身 修身以道 修道以仁]"라고 하였다.

36 정심(正心)으로……삼으시고: 이는 『대학』삼강령의 명명덕(明明德)으로 신민(新民)의 근본을 삼으라는 말이다. 명명덕에는 팔조목의 격물(格物)·치지(致知)·성의(誠意)·정심(正心)·수신(修身)이 모두 포함되는데, 정심에 미발(未發)의 존양(存養)이 포함되어 있기 때문에 명명덕을 대표하여 정심을 거론한 것이다.

37 황극(皇極)의 법도: 제왕이 세상을 다스리는 준칙이라는 말로, 『서경』「홍범(洪範)」에 "다섯 번째는 황극이니, 임금이 세상을 다스리는 표준을 크게 세우는 것이다.[五 皇極 皇建其有極]"라고 하였다. 황극은 '크게 공정한 법도'를 의미한다.

38 일사(逸士): '쓰이지 못하고 버려진 선비'라는 뜻이다.

39 유일(遺逸): 학덕이 있으나 쓰이지 못해 버려진 인재를 가리킨다. 명종 때 경색된 정국을 풀기 위해 유일을 천거하여 민심을 무마시키고자 하였다.

40 차임(差任): 관리를 새로 선발하여 임용하는 것을 말한다.

41 수령의 직임: 원문의 '五馬'는 한(漢)나라 때 태수(太守)가 타던 다섯 말이 끄는

수레에서 유래한 말로, 후대에는 지방 수령의 직임을 뜻하는 말로 쓰였다.

42 이조(吏曹): 조선 시대 문관의 인사를 담당하던 관청이다.

43 언로(言路): 임금에게 국사를 아뢰게 하는 길을 말한다.

44 선현의 말: 송나라 때 구양수(歐陽脩)가 "황태후는 한 사람의 부인이다."라고 아뢴 것을 가리킨다.

45 입계(入啓): 조선 시대 승정원은 오늘날 대통령 비서실과 같은 기관으로 여섯 명의 승지가 근무했는데, 이들이 일차적으로 상소를 살펴보고 선별하여 임금에게 아뢰는 일을 하였다. 입계는 상소를 임금에게 아뢴다는 말이다.

46 후설(喉舌): '목구멍과 혀'라는 말로 임금의 말을 전하는 대변인과 같은 뜻이다.

47 유윤(惟允): 왕명을 출납할 적에 오직 진실하게 하라는 뜻이다. 『서경』「순전(舜典)」에 순(舜)임금이 용(龍)에게 이르기를 "짐은 참소하는 말이 선한 행실을 끊어 짐의 무리를 진동하고 놀라게 함을 미워한다. 그대를 임명하여 납언(納言)으로 삼으니, 밤낮으로 짐의 명령을 출납하되 오직 진실하게 하라.[朕墍讒說殄行 震驚朕師 命汝作納言 夙夜 出納朕命 惟允]"라고 하였다.

48 대죄(待罪): 신하가 임금에게 잘못한 것에 대한 처벌을 기다린다는 말이다.

49 치계(馳啓): 속히 임금에게 아뢰는 것이다.

50 시강관(侍講官): 임금이 학문을 연마하는 경연(經筵)에서 임금을 모시고 경전을 강론하는 관원을 말한다.

51 정종영(鄭宗榮): 1513~1589. 자는 인길(仁吉), 호는 항재(恒齋), 본관은 초계이다. 정윤겸(鄭允謙)의 손자로 김안국에게 수학하였다. 1543년 문과에 급제하여 홍문관 교리 등을 지내고 청백리에 녹선되었다. 뒤에 경상도 관찰사 등을 지냈으며, 우찬성에 이르렀다.

52 갑옷을……것: 전쟁터에서 '무장한 장군은 임금에게도 목례만 하지 무릎을 꿇고 절하지 않는다[介冑之士 不拜]'는 것을 가리킨다.

53 이희안(李希顏): 1504~1559. 자는 우옹(愚翁), 호는 황강(黃江), 본관은 합천이다. 경상도 초계에 살았으며, 남명 선생과 교유하였다.

54 추고(推考): 죄가 있는 관원을 심문하여 죄상을 고찰하는 것이다.

55 성상께서……그만두셨습니다: 『명종실록』에 의하면 명종 9년(1554) 7월 19일 자 기사에 '경상도 관찰사의 치계에 의하여 고령현감 이희안을 잡아다 추고하라고 전교하였다'는 기사가 보이고, 동년 9월 5일 자 기사에 '영경연사 심연원(沈連源)이 고령현감 이희안의 사직을 용서해 줄 것을 청하였다'고 하였다.

56 엄광(嚴光): 후한(後漢) 때 사람으로, 자는 자릉(子陵)이다. 어려서 후한 광무제(光武帝)와 동문수학하였는데, 광무제가 즉위하자 성명을 바꾸고 숨었다. 광무

제가 어렵게 찾아 간의대부(諫議大夫)에 제수하였으나, 사양하고 부춘산(富春山)에 은거하며 나가지 않았다. 남명 선생이 지은 「엄광론」에는 엄광을 왕도정치를 행할 사람으로 평하였다.

57 주당(周黨): 후한 때 사람으로, 자는 백황(伯況)이다. 왕망(王莽)이 한나라를 찬탈하자, 병을 핑계로 문을 닫고 살았다. 후한 광무제(光武帝)가 의랑(議郎)으로 불렀으나 병을 핑계로 사직하였고, 광무제가 불러 만났으나 자신의 뜻을 지키고 싶다고 아뢴 뒤 민지(澠池)에 은거하였다. 그는 광무제 앞에서 부복(俯伏)하기만 하고 배알(拜謁)하지 않아 신하가 되지 않겠다는 뜻을 보였다.

58 엄자릉(嚴子陵): 후한 초 광무제의 소명에도 나가지 않고 초야에 은거한 엄광(嚴光)으로, 자릉(子陵)은 그의 자이다.

59 엄자릉이……것: 엄광(嚴光)은 후한 광무제와 어릴 때 친구로서 함께 공부하였다. 광무제가 황제가 되자, 엄광은 성명을 바꾸고 부춘산에 들어가 은거하였다. 광무제는 어렵사리 그를 찾아 함께 세상을 다스리자고 하였으나, 엄광은 나가지 않았다. 어느 날 광무제가 엄광을 궁중으로 불러 회포를 풀고 함께 자던 중 엄광이 발을 들어 광무제의 배 위에 얹어놓았는데, 이튿날 태사(太史)가 '객성이 어좌(御座)를 범하였다'고 아뢰니, 광무제가 웃으면서 "짐의 옛 친구 엄자릉(嚴子陵)이다."라고 하였다.(『後漢書』「逸民列傳 嚴光」)

60 부복(俯伏): 머리를 조아리고 땅에 엎드리는 것이다.

61 배알(拜謁): 예를 갖추어 절을 올리고 우러러보는 것이다.

62 이헌국(李憲國): 1525~1602. 자는 흠재(欽哉), 호는 유곡(柳谷), 본관은 전주이다. 정종(定宗)의 아들 이종생(李終生)의 현손으로 1551년 문과에 급제하여 좌의정에 이르렀다.

63 숭록대부(崇祿大夫): 종1품 품계이다. 조선 시대 승정원 승지는 정3품 품계였다.

64 숭정대부(崇政大夫): 종1품 품계이다.

65 도승지(都承旨): 조선 시대 승정원의 6명 승지 중 우두머리인 정3품 당상관의 직으로, 오늘날 대통령 비서실장에 해당한다.

66 맹자(孟子)가……했으니: 『맹자』「고자 하(告子下)」에 "만약 위정자가 선을 좋아하지 않으면 사람들이 장차 '잘난 체하는 사람을 나는 모두 이미 알고 있다'고 말할 것이니, 잘난 체하는 소리와 안색이 천 리 밖에서 사람을 나가고 싶지 않게 할 것이다. 선비가 천 리 밖에서 나가지 않고 멈추면 참소하고 아첨하는 자들이 이를 것이다.[夫苟不好善 則人將曰 訑訑 予旣已知之矣 訑訑之聲音顔色 距人於千里之外 士止於千里之外 則讒諂面諛之人 至矣]"라고 하였다.

제2부

정묘사직정승정원장

丁卯辭職呈承政院狀

정묘사직정승정원장[*]
번역문

정묘년(1567) 사직하며 승정원에 올린 소장

지금 신은 나이가 시제(時制)[1]에 이르렀습니다. 늙고 병든 데다 죄까지 무거워 전하의 소명에 달려갈 수가 없었습니다. 성상께서 은혜롭게도 너그럽게 용서하시어 곧바로 죄를 다스리지 않으시니, 만 번 죽을 각오로 죄를 기다리고 있습니다.

엎드려 생각건대, 주상 전하께서 이 늙은이를 부르시는 의중은 미천한 늙은 몸을 보고자 하시는 것이 아니고, 참으로 성스러운

---

[*] 이 상소는 남명 선생이 1567년(선조 즉위년) 10월 3일 선조의 부름을 사양하며 승정원에 올린 것이다. 1567년 6월 28일 명종이 별세하고 선조가 왕위를 계승하였다. 선조는 즉위한 뒤 조식·성운·이황 등 원로를 불렀으나 모두 나가지 않았다. 『선조실록』에는 이 상소의 일부분이 1571년 5월 15일 조에 실려 있는데, 이는 잘못이다. 후에 만들어진 『선조수정실록』에는 이런 오류를 발견하고 1567년 10월 5일 조에 일부분을 발췌해 수록하였다.

교화를 펴는 데 만에 하나라도 도움이 될 수 있는 한마디 말을 듣고자 하셔서일 것입니다. 청컨대 '구급(救急)' 두 자를 올려 나라를 일으킬 한마디 말로 삼아서 미천한 신이 몸을 바치는 것을 대신하고자 합니다.

엎드려 살펴보건대, 나라의 근본이 분열되고 무너져서 물이 끓는 듯하고 불이 타는 듯합니다. 관원들은 해야

정묘사직정승정원장(1) 救急

할 일을 하지 않고, 시동(尸童)[2]이나 허수아비처럼 우두커니 서 있습니다. 기강(紀綱)은 썩은 듯이 무너졌고, 원기(元氣)는 꺾인 듯이 소진되었으며, 예의(禮義)는 쓸어버린 듯이 없어졌고, 형정(刑政)은 혼란스러움이 극진합니다. 선비의 습속[士習]은 허물어진 듯이 없어졌고, 공공의 도리[公道]는 상실한 듯이 다했으며, 인재를 등용하고 내치는 것은 혼탁함이 이를 데 없고, 기근(飢饉)은 거듭 닥치고 있습니다. 창고의 곡식은 모두 고갈되었고, 제사를 지내는 것도 모두 더럽혀졌습니다. 세금과 공물은 멋대로 징수함이 극에 달하고, 변경의 방어는 허술함이 이루 다 말할 수 없습니다. 뇌물을 주고받는 것이 극진하고, 백성을 착취하는 것도 극진합니다.

백성의 원통함이 극진하고, 권세가의 사치도 극진합니다. 궁중의 식재료는 바닥이 났는데, 지방에서 올리는 공물은 제때 들이지 않습니다. 오랑캐까지 우리를 업신여기고 쳐들어와 온갖 병폐가 위급합니다. 하늘의 의중과 사람의 일도 예측할 수가 없습니다.

이러한 폐단을 내버려두고 구제하지 않으면서 한갓 헛된 명분만을 일삼으며, 말만 돈독하게 하는 것을 인정합니다.[3] 또한 산속과 초야에 버려진 사람을 찾아 어진 이를 구한다는 아름다운 명분만을 얻으려 하고 있습니다. 그러나 명분이 실상을 구제할 수가 없는 것은 그림 속의 떡이 굶주림을 구제할 수 없는 것과 같으니, 급한 일을 구제하는 데 전혀 보탬이 되지 않습니다. 청컨대 완급(緩急)과 허실(虛實)을 다시 분간하여 조처하소서.

예로부터 아무리 태평한 세상일지라도 시비(是非)와 가부(可否)를 따지는 일은 없지 않아서, 궁중의 여자들도 모두 글을 올려 나라의 일을 논하는 대열에 참여하였습니다.[4] 오늘날 나라의 형세는 무너질 듯이 위태로워 어찌할 수가 없는데, 정승의 자리에 있는 사람은 좌우에 둘러서서 바라보기만 하며 구원을 하지 못하니, 이는 반드시 손을 쓸 수 없는 형세가 있기 때문일 것입니다.

시대의 변화를 잘 알지 못하는 지각이 없는 늙은이가 분수에 벗어나게 국가의 일을 거론하며 죽음을 무릅쓰고 아룁니다. 처사가 함부로 나라의 일을 논한 죄[5]는 신이 마땅히 받겠습니다. 삼가 사직하는 소장을 올립니다.

02

정묘사직정승정원장*
원문

今臣年及時制 老病罪重 奔命不得 上恩寬宥 不卽治罪 萬死待罪 伏念 主上徵召老民之意 非欲見微末殘敗之身 固欲聞一言 以補聖化之萬一 請以救急二字 獻爲興邦一言 以代微臣之獻身 伏見 邦本分崩 沸如焚如[6] 群工荒廢 如尸如偶 紀綱蕩盡 元氣蘦盡 禮義掃盡 刑政亂盡 士習毀盡 公道喪盡 用捨混盡 飢饉荐盡 府庫竭盡 饗祀瀆盡 徵貢橫盡 邊圉虛盡 賄賂極盡 掊克極盡 冤痛極盡 奢侈極盡 飮食極盡 貢獻不通 夷狄凌加 百疾所急 天意人事 亦不可測也 舍置不救 徒事虛名 論篤是與 竝求山野棄物 以助求賢美名 名不足以救實 猶畫餠之不足以救飢 都無補於救急 請以緩急虛實 更加分

• 정묘사직정승정원장(丁卯辭職呈承政院狀)은 병오본(1608) 이후로는 '辛未辭職承政院狀'으로 되어 있고, 신해본(1671)에는 '丁卯辭職承政院狀'으로 되어 있으며, 경진본(1700) 이후로는 '丁卯辭職呈承政院狀'으로 되어 있고, 갑오정유본(1894~1897) 이후로는 '辭召命狀丁卯'로 되어 있다.

산천재
이 책 제2~4부에 실린 상소는 남명 선생이 산천재에 은거할 때 올린 것이다.

揀處置 自古 雖太平之世 不得無是非可否 宮中女子 皆得上書論列
今也 國勢顚危 無可奈何 身居鈞軸者 左右環視而莫救 必有下手不
得之勢 不曉時變 無知老民 出位侵官 昧死以聞 處士橫議之罪 臣
固當受 謹狀

03

『선조수정실록』 기사
(1567년 10월 5일)

조식(曺植)은 재차 사양하며 나오지 않았다. 또한 '구급(救急)' 두 자를 올려 그것으로 나라를 일으킬 한마디 말로 삼아서 몸을 바치는 것을 대신하겠다고 청하였다.

또 아뢰기를 "지금 나라의 근본이 분열되고 무너져서 온갖 폐단이 극에 달하였으니, 대소 관료들이 불난 집에서 사람을 구하고 물에 빠진 사람을 구하듯이 서둘러 손을 써도 혹 지탱할 수 없을 듯합니다. 그런데 단지 헛된 명분만을 일삼으며, 말만 돈독하게 하는 것을 인정합니다. 명분이 실상을 구제할 수 없는 것은 그림 속의 떡이 굶주린 사람을 구제할 수 없는 것과 같습니다. 청컨대 완급(緩急)과 허실(虛實)을 분간하여 조처하소서."라고 하였다.

이때 주상이 바야흐로 유학(儒學)을 숭상하여 조정의 여러 현인이 성리(性理)를 논설하였다. 그러나 조정의 기강은 떨치지 못하고 나라의 근본은 날로 위축되었다. 그러므로 조식이 이런 말을 아뢴 것이다.

曹植再辭不至 且請以救急二字 獻爲興邦一言 以代獻身 又方今
邦本分崩 百弊斯極 所宜大小汲汲 如救焚拯溺 罔或支持 而徒事虛
名 論篤是與 名不足以救實 猶畫餠之不足以救飢 請以緩急虛實 分
揀處置 是時 主上方向儒學 諸賢滿朝 論說性理 而朝綱不振 邦本日
蹙 故植有此說

04

정묘사직정승정원장
해설

『선조실록』 즉위년(1567) 11월 17일 조의 기대승(奇大升)이 아뢴 말 가운데 '지난번 이황·이항(李恒)·조식을 올라오게 하는 일로 하서하신 것은'이라는 내용이 있으니, 선조(宣祖)가 즉위한 뒤 이 세 사람을 부른 것을 알 수 있다. 「연보」에는 당시 교지를 내려 부른 내용이 실려 있으며, 『남명선생편년』에는 이 교지를 구봉령(具鳳齡)이 가지고 왔다고 하였다. 남명 선생은 당시 상소를 올리고 나가지 않았다.

이해 12월 선조가 다시 교지를 내려 '날씨가 온화해지면 올라오라'고 하였는데, 이때 남명 선생이 사직하며 올린 상소가 「정묘사직정승정원장」이다. 이 상소는 갓 즉위한 선조에게 남명 선생이 현실 문제를 사실대로 아뢰면서 명분보다는 실질적인 해결 방안을 모색해야 한다고 진언한 것이다.

남명 선생은 이 상소에서 "엎드려 생각건대, 주상 전하께서 이

정묘사직정승정원장(2)

늙은이를 부르시는 의중은 미천한 늙은 몸을 보고자 하시는 것이 아니고, 참으로 성스러운 교화를 펴는 데 만에 하나라도 도움이 될 수 있는 한마디 말을 듣고자 하서서일 것입니다. 청컨대 '구급(救急)' 두 자를 올려 나라를 일으킬 한마디 말로 삼아서 미천한 신이 몸을 바치는 것을 대신하고자 합니다."라고 하였다.

여기서 '구급' 두 자를 자신을 대신하여 올린다는 발상도 흥미롭거니와, 민생의 현실을 불난 집으로 보아 시급히 구제하라는 말은 피부에 와닿듯이 절실한 호소이다. 이는 우국애민하는 마음을 항상 품고 있었으므로 자연스럽게 드러난 말이니, 남명 선생의 경세제민 의식을 단적으로 보여주는 것이라 하겠다.

이 상소에는 17개의 '진(盡)' 자를 써서 국가의 명맥이 위기에 처했음을 극언하고 있는데, 탕진(蕩盡)·이진(薾盡)·소진(掃盡)·난진(亂盡)·훼진(毁盡)·상진(喪盡)·혼진(混盡)·천진(荐盡)·갈진(竭盡)·독진(瀆盡)·횡진(橫盡)·허진(虛盡)·극진(極盡) 등의 용어를 번갈아 쓰면서 민생과 국가의 실정을 실감나게 묘사하였다. 남명 선생은 국가의 기강이 무너진 현상을 19가지로 열거하며 불난 집에 비유하였다. 이 상소는 다른 상소와 그 결을 달리하니, 당대의 문제점을 구체적으로 파악한 바탕 위에서 시급히 해결할 대책을 진언한 것이다.

마지막에 '완급과 허실을 분간하여 조처하십시오'라고 아뢰었는데, 이는 시급한 문제를 우선 해결할 것을 주문한 것이다. 민생의 현실을 불난 집에 비유하여 그 속에서 백성을 구제할 것을 간곡하게 아뢰었다. 이 상소는 비록 분량이 적지만 남명 선생의 우국애민하는 마음을 담은 글로, 조선 시대 그 어떤 상소보다 큰 울림을 주는 상소문이라고 하겠다.

1 시제(時制): 70세를 일컫는 말이다. 『예기』「왕제(王制)」에 "60세가 되면 1년 동안 마련할 수 있는 상례 도구를 준비하고[歲制], 70세가 되면 한 계절 동안 마련할 수 있는 상례 도구를 준비하고[時制], 80세가 되면 한 달 동안 마련할 수 있는 상례 도구를 준비하고[月制], 90세가 되면 이미 준비한 상례 도구를 날마다 수리하고[日修], 시신을 묶는 띠[絞]와 홑이불[紟]과 이불[衾]과 수의[冒]는 죽은 뒤에 마련한다."라고 하였는데, 『예기주소(禮記注疏)』에 "세제(歲制)는 관(棺)을 말한다. 만들기가 쉽지 않기 때문에 세제라 한다. 구하기 어려운 의복은 석 달이 걸려야 마련할 수 있기 때문에 시제(時制)라 한다. 구하기 쉬운 의복은 한 달이면 마련할 수 있기 때문에 월제(月制)라 한다."라고 하였다.

2 시동(尸童): 옛날 제사를 지낼 적에 신위(神位) 대신 앉혀 놓던 아동을 가리킨다. 시동은 아무 말도 하지 않고 가만히 앉아 있기만 하였는데, 여기서는 '아무런 일을 하지 않고 있다'는 비유로 쓰였다.

3 말만……인정합니다: 이는 『논어』「선진(先進)」에 보이는 말로, 말과 외모로 인재를 등용해서는 안 된다는 뜻이다.

4 궁중의……참여하였습니다: 여사(女史)의 제도를 가리키는 듯하다. 여사는 『주례』「천관(天官)」에 소속된 직책으로, 궁중의 정령(政令)이나 후비(后妃)에 관한 일을 기록하는 여자 관원을 일컫는다. 『시경』「패풍(邶風)-정녀(靜女)」에 "얌전한 아가씨 아름답기도 한데, 나에게 붉은 대통을 선물하네.[靜女其孌 貽我彤管]"라고 하였는데, 모형(毛亨)의 전(傳)에 "옛날 후부인에게는 반드시 여사동관의 법이 있어서 대소사를 막론하고 모두 기록하여 법을 만들었다.[古者 后夫人必有女史彤管之法 事無大小 記以成法]"라고 하였다.

5 처사가……죄: 『논어』「계씨(季氏)」에 "천하에 도가 있으면 서인들이 정치를 의논하지 않는다.[天下有道 則庶人不議]"라는 구절이 있는데, 그 주에 "정치를 의론하는 것을 죄로 여긴 것은 주나라 여왕(厲王)과 진나라 시황(始皇)의 법이다.[以議政爲罪 乃周厲秦始之法也]"라고 하였다.

6 沸如焚如: 경술본(1910) 이후로는 '如沸如焚'으로 되어 있다.

제3부

무진봉사

戊辰封事

01
무진봉사*
번역문

무진년(1568)에 올린 봉사

경상도 진주에 사는 백성 조식은 참으로 황송하고 황공한 마음으로 두 손을 맞잡아 절하고 머리를 조아리며 주상 전하께 상소를 올립니다.

엎드려 생각건대, 미천한 신은 노쇠한 병이 점점 심해져 입은 밥을 먹고 싶은 생각이 없고, 몸은 병석에서 일어나지 못하고 있습

---

* 이 상소는 무진년(1568, 선조 1)에 올린 상소로,『선조실록』에는 선조 1년 5월 26일 조에 전문이 모두 수록되어 있으며,『선조수정실록』에는 1568년 1월 1일 조에 수록하고 있는데 전에 '구급(救急)'을 아뢴 것을 시행하지 않고 있는 점과 서리의 폐해에 대해 아뢴 것만을 부분적으로 발췌해 놓았다. 봉사(封事)는 임금만이 직접 그 내용을 볼 수 있도록 봉하여 올리는 상소를 말한다. 선조가 즉위한 뒤 원로들에게 나라를 다스릴 방도를 자문하였는데, 퇴계 이황은 「성학십도(聖學十圖)」를 올렸고, 남명 조식은 「무진봉사」를 올렸다.

니다. 소명(召命)¹이 거듭 내려오니, 출발 준비를 기다려 떠나는 것은 오히려 임금을 뒷전으로 여기는 처사일 것입니다.² 신의 마음은 해를 향하는 접시꽃과 같지만, 길을 바라보기만 할 뿐 떠나기가 어렵습니다. 참으로 죽을 날이 머지않아 성상의 은혜에 보답할 길이 없음을 알기에, 감히 진심을 다 바쳐 주상 전하께 올립니다.

엎드려 살펴보건대, 주상께서는 상등 지혜³의 자질을 타고나신 데다 지치(至治)⁴를 이룩하고자 하시는 마음이 있으시니, 이는 참으로 백성과 사직(社稷)⁵의 복입니다. 그런데 지치를 이룩하는 도리는 다른 데서 구하는 데 있지 않고, 요점이 임금의 명선(明善)과 성신(誠身)⁶에 달려 있을 따름입니다.

이른바 명선이란 이치를 궁구하는 것[窮理]을 말하며, 성신이란 몸을 닦는 것[修身]을 말합니다. 타고난 본성 안에 온갖 이치가 다 갖추어져 있으니, 인(仁)·의(義)·예(禮)·지(智)가 그 본체입니다. 모든 선(善)이 다 이로부터 나옵니다. 마음[心]은 이치[理]가 모인 곳의 주인[主]이고, 몸[身]은 이 마음이 깃들어있는 그릇[器]입니다. 그 이치를 궁구하는 것은 장차 그것을 활용하고자 하는 것이며, 몸을 닦는 것은 장차 그 도를 행하려고 하는 것입니다.

그 궁리를 실천하는 지점은 글을 읽으면서 의리를 강론해 밝히거나 사물에 응접할 적에 합당한지 아닌지를 살피는⁷ 것입니다. 그 수신을 실천하는 요점은 예가 아니면 보지도 말고, 예가 아니면 듣지도 말고, 예가 아니면 말하지 말고, 예가 아니면 행동하지 말라⁸는 것입니다. 내면에 마음을 보존하고서 혼자만 알고 있는

무진봉사(1)

싹튼 생각을 신중히 하는 것은 천덕(天德)[9]이고, 외면을 성찰하여 그 행실을 힘쓰는 것은 왕도(王道)[10]입니다.

그 궁리·수신·존심·성찰을 실행하는 지극한 공부는 반드시 경(敬)[11]을 주로 해야 합니다. 이른바 경(敬)이란 몸과 마음을 정돈하고 가지런히 하며 엄격하고 정숙하게 하는 것[整齊嚴肅]과 정신을 또렷하게 하여 흐리멍덩하게 하지 않는 것[惺惺不昧]과 한 마음을 주로 하여 만사에 응하는 것[主一心而應萬事]으로, 내면을 정직하게 하고 외면을 방정하게 하는[直內而方外] 방법이니, 공자(孔子)께서 이른바 '경(敬)으로써 몸을 닦는다.[修己以敬]'[12]라고 하신 말

『학기류편』「敬圖」

씀이 그것입니다.

　그러므로 경(敬)을 주로 하지 않으면 이 마음을 보존할 수 없고, 마음을 보존하지 못하면 천하 이치를 궁구할 방법이 없으며, 이치를 궁구하지 못하면 사물의 변화를 절제할 방법이 없습니다. 군자의 도는 일반인도 누구나 알고 행할 수 있는 것부터 시작해 가정과 국가와 천하로 넓혀 나가는 것에 불과합니다. 다만 그것은 선·악이 나뉘는 것을 분명히 알아서 자신이 조금의 거짓도 없이 진실한 지경으로 돌이키는 데에 달려 있을 따름입니다.

　아래로 사람의 일을 배우는 것[下學人事]부터 시작해서 위로 하늘의 이치에 통하는 것[上達天理]이 또한 학문을 해 나가는 차례[進學之序]입니다. 사람의 일을 버려두고서 하늘의 이를 담론하는 것은 곧 입으로만 말하는 이치[口上之理]이며, 자신에게 돌이켜 성찰하지 않고 많이 듣고 많이 기억하는 것은 곧 귀로 듣기만 하는 학문[耳底之學]입니다. 하늘에서 눈발이 어지러이 휘날리는 것처럼 허튼 말을 하지 말아야 하니, 그런 말에는 수신의 이치가 전혀 없습니다.

전하께서 만약 경(敬)으로써 자신을 닦아 천덕에 통달하고 왕도를 행하여 반드시 지극한 선에 이른 뒤 그곳에 머무신다면, 명선과 성신이 아울러 진보하고 대상과 자아가 함께 극진해져서 정사와 교화에 베풀어지는 것이 마치 바람이 불고 구름이 몰려가는 것처럼 될 것이니, 아래 백성이 본받는 것은 반드시 이보다 더한 효과가 있을 것입니다.

다만 왕의 학문이 유자(儒者)의 학문과 다른 점은, 실행할 적에 구경(九經)[13]을 더욱 중시하기 때문입니다. 『주역』이란 책은 시의 (時宜)[14]를 따르는 의리가 가장 큽니다. 오늘날로 말하자면, 임금의 신령스러운 위엄이 거행되지 않고, 정사는 사사로운 은혜와 관용을 베푸는 일이 많습니다. 명령이 내리면 반대만 해서 기강이 확립되지 않은 지가 여러 대나 되었습니다. 헤아릴 수 없는 임금의 위엄으로 그런 누습을 떨쳐내지 않으면 맥없이 풀어진 죽과 같은 형세를 결집할 방법이 없습니다. 또 큰 장맛비 같은 은택으로 흠뻑 적셔주지 않으면 오랜 가뭄에 시든 풀과 같은 백성을 소생시킬 수가 없습니다. 반드시 세상을 구제할 수 있는 훌륭한 보좌관을 얻어서 윗사람과 아랫사람이 한마음으로 공경하고 공손히 협력하기를 같은 배를 탄 사람처럼 합심한 뒤에야 무너지고 타들어 가는 형세를 조금 구제할 수 있을 것입니다.

그러나 인재를 취하는 것은 손으로써 하는 것이 아니고 몸으로써 하는 것입니다.[15] 임금의 몸이 닦이지 않으면 평평한 저울대나 텅 빈 거울처럼 마음속에 공평함이 없어서 선·악을 알지 못하여 사람을 등용하고 내칠 적에 모두 잘못을 저지르게 됩니다. 그러면 사람들도 장차 임금을 위해 일하려 하지 않을 것이니, 임금이 누구와 더불어 정치의 도를 함께 이룩하겠습니까.

옛날 남의 나라를 잘 염탐하던 자는 '그 나라 형세가 강한가, 약한가'를 살피지 않고, '그 나라에서 인재 등용을 잘하는가, 못하는가'를 살펴보았습니다. 여기에서 천하의 일이 극도로 어지럽거나 극도로 잘 다스려지더라도 모두 사람이 그렇게 만드는 것이지, 다른 것을 말미암아 그리되는 것이 아니라는 사실을 알 수 있습니다. 그렇다면 임금이 수신하는 것은 정치를 펴는 근본이고, 임금이 현인을 등용하는 것은 정치를 행하는 근본이며, 수신은 또한 인재를 취하는 근본인 것입니다. 〈성현의〉천 마디 만 마디 말씀에 어찌 '임금이 수신하고 인재를 등용하는 것' 밖으로 벗어난 것이 있겠습니까. 등용한 사람이 적임자가 아니면 군자는 초야에 있게 되고, 소인이 나라의 일을 제멋대로 하게 됩니다.

예로부터 권력을 가진 신하가 나라의 일을 제멋대로 한 경우도 있었고, 외척(外戚)이 나라의 일을 제멋대로 한 경우도 있었으며, 부인이나 환관이 나라의 일을 제멋대로 한 경우도 있었습니다. 그러나 오늘날처럼 서리(胥吏)[16]가 나라의 일을 제멋대로 한 경우가

무진봉사(2) 胥吏亡國

있었다는 말은 들어보지 못했습니다. 정권이 대부(大夫)[17]에게 있어도 오히려 옳지 못한데, 하물며 서리에게 있어서야 말해 무엇하겠습니까. 당당한 제후국으로서 조종조(祖宗朝)[18] 2백 년의 왕업에 힘입어 공경(公卿)·대부(大夫)[19]가 전후로 끊임없이 배출되었는데, 이제 서로 거느리고서 천한 서리에게 정권을 물려줄 수 있겠습니까. 이는 쇠귀에 경전을 읽듯이 가볍게 흘려버릴 일이 아닙니다.

　군대와 민생에 관한 모든 정사와 한 나라의 기밀에 관한 일이 모두 서리의 손에서 나옵니다. 그들은 명주실과 곡물을 관청에 바칠 적에도 뒷전으로 뇌물을 주지 않으면 받지 않습니다. 재물은 그들 집안에 쌓이나 백성은 밖에서 뿔뿔이 흩어져 열 집 가운데 한 집도 남지 않았습니다. 심지어 그들은 자신이 소속된 고을을 각각 나누어 마치 자기의 물건처럼 여겨서 문서를 만들어 자손에게 전하려고 합니다.

백성이 토산물 바치는 것을 모두 가로막아 한 가지 물건도 상납할 수 없습니다. 토산물을 바치러 가는 자는 구족(九族)[20]의 공물을 모으고 집안의 재산을 팔아 관청에 바치지 않고 서리의 사가(私家)에 바치는데, 본래 바칠 액수의 백 배가 아니면 받지 않습니다. 그리하여 후에는 그처럼 계속 바칠 수가 없어서 빚을 지고 도망치는 자들이 줄을 잇고 있습니다. 조종조로부터 전해진 고을에서 신하와 백성이 바치는 공물을 문득 쥐새끼 같은 아전들이 나누어 가질 줄을 어찌 생각했겠습니까. 또 전하께서 한 나라의 부유함을 누리셔야 하는데, 도리어 천한 사람들이 방납(防納)[21]하는 물품에 의지하리라 어찌 생각했겠습니까.

왕망(王莽)[22] · 동탁(董卓)[23]의 간사한 계책에도 이런 일은 없었으며, 망해 가는 나라의 세상에서도 이런 일은 없었습니다. 이런 짓을 하면서도 이들은 만족하지 않고 국고(國庫)의 물건을 훔치기까지 하여 국고에 약간의 면포와 곡물도 비축된 것이 없으니, 나라는 나라 꼴이 아니고 도적은 도성에 가득합니다. 나라는 헛되이 빈 그릇만 안고 있는 격으로 뼈대만 남은 앙상한 나무처럼 서 있습니다. 조정에서 근무하는 모든 관원은 마땅히 목욕재계하고 이들을 함께 토벌해야 할 것입니다. 힘이 혹 부족하면 사방의 사람들을 불러 분주히 임금을 도와서 잠을 자고 밥을 먹을 겨를도 없이 이 일을 주선해야 합니다.

오늘날 사람이 모여 사는 곳에 도둑이 있으면 장수에게 죽이거나 추포하라고 명하여, 하루도 걸리지 않고 처단합니다. 그런데 서리와 아전이 도둑이 되어 모든 관청에서 무리를 짓고 조정에 들어가 심장부에 웅거하여 나라의 동맥을 끊어지게 하고 있으니, 그 죄가 하늘과 땅의 신에게 제사를 지내는 희생을 훔치는 것과 같을 뿐만이 아닙니다. 그런데도 법관은 감히 문책을 하지 못하고 형벌을 집행하는 관리는 감히 힐책하지 못하고 있습니다. 혹 어떤 한 관청의 관원이 조금 그들을 규찰하려 하면 견책과 파면이 그들의 손아귀에 있어서, 벼슬아치들은 속수무책으로 녹봉이나 타 먹고 지내면서 '예! 예' 하며 순순히 물러납니다. 이들이 어찌 믿는 구석이 없는데도 이처럼 기탄없이 방자하게 날뛰는 것이겠습니까. 초(楚)나라 왕이 이른바 '도적이 총애를 받으면 잡아갈 수 없다'고 한 말[24]이 바로 이런 경우입니다.

저들은 교활한 토끼가 세 개의 굴을 파놓듯이[25] 저마다 여러 갈래로 빠져나갈 구멍을 만들어 놓고, 시내의 조개가 딱딱한 껍데기를 뒤집어쓰고 있듯이 자신을 보호해 줄 방패를 갖추어 놓고서, 몰래 독을 품고 온갖 일을 꾸미고 있습니다. 사람이 이들을 다스릴 수 없고, 법도 이들을 처벌할 수 없습니다. 이들은 성(城)에 굴을 파고 사는 여우나 토지신을 모신 사(社)에 집을 짓고 사는 쥐와 같아서 불을 피우거나 물을 대어서 쫓아낼 수가 없습니다.[26] 또한 교활한 토끼처럼 세 개의 굴을 파놓은 자가 과연 누구이겠습니까. 딱딱한 껍데기를 뒤집어쓴 자에게 어찌 처벌이 없어야 하겠습니까.

전하께서 크게 노하시어 하늘과 같은 강건한 기강을 한차례 떨치시고, 재상과 얼굴을 맞대고 의논하여 그들을 처단할 방법을 강구하소서. 그리고 옛날 순(舜)임금이 사흉(四凶)을 제거하신 것[27]처럼 공자께서 소정묘(少正卯)를 주벌하신 것[28]처럼 전하께서 직접 결단하시면, 악을 미워하는 법도를 극진히 할 수 있어서 백성의 심지를 크게 감복시킬 것입니다.

만약 언관(言官)이 이런 일을 결단해야 한다고 간언하기를 그치지 않아 어쩔 수 없이 그 말을 따를 수밖에 없게 된 뒤에 억지로 힘쓰며 구차하게 따르신다면, 선·악이 있는 곳과 옳고 그름이 나뉘는 바를 아시지 못하여 임금이 된 도리를 잃게 될 것입니다. 어찌 임금이 임금의 도리를 잃고서 능히 백성을 다스린 경우가 있겠습니까.

그러므로 전하의 명덕(明德)이 밝아지면, 거울처럼 밝은 덕이 여기에 있어서 어떤 사물인들 비치지 않음이 없을 것입니다. 임금의 덕과 위엄이 미치는 곳에는 초목도 모두 휩쓸리는 법이니, 하물며 사람에게 있어서야 말해 무엇하겠습니까. 신하들이 벌벌 떨면서 전전긍긍하며 분주하게 주선하여 왕명을 받들기에 겨를이 없을 것이니, 어찌 조금이라도 간사한 마음을 품는 계책이 있겠습니까.

정사를 어지럽힌 대부에게도 오히려 일정한 형벌이 있어서 저 막강한 윤원형(尹元衡)[29]의 세도도 조정이 능히 바로잡았는데, 하물며 이따위 여우나 쥐새끼 같은 서리들은 목을 베는 데 도끼에 기름을 칠할 것도 못 됩니다. '한차례 우레가 치고 비가 내리면 천지에 쓰러졌던 초목이 모두 소생한다'[30]고 하였으니, 이는 위에서 임금이 수신을 하면 아래에서 나라가 잘 다스려진다는 것을 말한 것입니다.

조정에서 벼슬하는 관원들이 그 누군들 임금을 도울 훌륭한 보좌관이 아니겠으며, 그 누군들 아침 일찍부터 밤늦게까지 부지런히 일하는 현신(賢臣)이 아니겠습니까. 그러나 간사한 신하가 자기와 알력을 빚으면 그를 제거하지만, 간사한 서리가 나라를 좀먹으면 그들을 용납하니, 이는 자신의 안위만을 도모하고 나라의 안위를 도모하지 않는 것입니다. 명철(明哲)한 사람치고 어리석지 않은 이가 없어서[31] 근심스러운 상황에 부닥쳐 있는 것을 기꺼이 받아들입니다. 이 어찌 사람의 지모(智謀)를 떨치지 않는[32] 것이 아니겠습니까. 만약 하늘이 명한 일이 있다고 한다면 사람들이 하늘의 명을 감당할 수 없다고 해서 그리하겠습니까.

신은 깊은 산중에 쓸쓸히 살면서 이런 민생의 현실을 굽어보고 하늘을 우러르면서 탄식하고 근심하다가 이어서 눈물을 흘린 것이 여러 번이었습니다. 신은 전하와 군신의 교분이 조금도 없습니다. 그런데 임금의 은혜에 감격한 것이 무엇이길래 탄식하며 눈물 흘리기를 스스로 그칠 수 없었겠습니까. 교분은 얕은데 아뢰는 말은 심각하였으니, 실로 죄를 지었습니다.

다만 생각건대, 몸이 이 나라에서 생산된 곡식을 먹고 산 지가

決者數矣臣之於　殿下無一寸君臣之分何所感
於君恩薾洽淶自不能已耶交淶言深實有罪焉
獨計身為食土之毛尚為累世之舊民添作三朝之
徵士猶可比於周鰥可無一言於宣召之日乎臣
之前日所陳救急之事尚未聞　天意慈急如救焚
拯溺應以為老儒賣直之說也未足以動念也況此
開陳君德者不過古人已陳之塗轍然不由塗轍則
更無可適之路矣不明君德而求制治猶無舟而渡
海祗自論喪而已其機益急於前所陳者萬萬矣
殿下若不棄臣言休焉有容焉則臣雖在千里之

外猶在机筵之下矣何必面對老醜而後曰用臣乎
抑又聞事君者量而後入則恐為葉公之龍也
也若不好臣言徒欲見臣而已則恐為葉公之龍也
請以今日瞻鑑之明暗卜為來日治道之成敗伏惟
殿下為何如主
上寮謹踈

謝宣賜食物踈

隆慶五年五月十五日朝奉大夫前宗親府典籤
臣曺植誠惶誠恐頓首頓首謝恩于　主上殿下伏
蒙去四月　教賜臣愚老顧何以承
天寵乎伏惟天日臨於九重草澤遙於千里如傷之

무진봉사(3) 君德

여러 대째인 백성이고, 외람되이 세 조정의 징사(徵士)[33]가 되었으니, 부질없이 나라를 걱정하던 주나라 때 과부[34]에 오히려 스스로 비유할 수 있습니다. 그러니 전하께서 소명을 내려 부르시는 날에 한마디 말을 올리지 않을 수 있겠습니까.

신이 예전 '위급한 일을 구제해야 한다[救急]'고 아뢴 일[35]에 대해, 전하께서 불난 집의 사람을 구하듯이 물에 빠진 사람을 건지듯이 급급하게 조처하고 계시다는 소문을 아직 듣지 못했습니다. 응당 '늙은 선비가 자신의 정직함을 아뢴 말인지라 도모할 바가 못 된다'고 생각하셨을 것입니다. 그런데 하물며 이번에 아뢴 '임금의 덕[君德]'에 관한 말씀은 옛날 사람이 이미 말한 진부한 것에 불과하니, 말해 무엇하겠습니까.

그러나 옛날 사람이 말한 것을 말미암지 않으면 다시는 갈 만한 길이 없습니다. 임금의 덕을 밝히지 않고서 통치하기를 구하는 것은 배가 없는데 바다를 건너려는 것과 같아 절로 빠져 죽을 따름입니다. 이번에 아뢴 말씀은 저번에 아뢴 말씀보다 그 기미가 더욱 시급합니다. 전하께서 신의 말을 버리지 않고 아름답게 여겨 받아들이신다면, 신은 천 리 밖에 있을지라도 오히려 전하의 앞에 있는 것과 같을 것입니다. 어찌 굳이 이 늙은이의 얼굴을 직접 마주하신 뒤에야 신을 등용했다고 말하겠습니까.

또한 듣건대, '임금을 섬기는 자는 임금을 헤아려 본 뒤 조정에 들어간다'고 하니, 실로 신은 전하가 어떤 군주이신지 모르겠습니다. 신의 말을 좋아하지 않고 단지 신을 보려고만 하실 뿐이라면 섭공(葉公)이 용을 좋아하던 일[36]이 될까 두렵습니다. 청컨대 '오늘 전하께서 밝게 보셨는가, 밝게 보시지 못했는가?'로써 '앞으로의 치도(治道)가 성공할지, 실패할지'를 점치시기 바랍니다. 엎드려 생각건대, 전하께서는 이 점을 살피시기 바랍니다. 삼가 소를 올립니다.

임금이 비답하기를 "예전에 아뢴 말을 내가 항상 자리 옆에 두고 살펴보고 있는데, 또 이 격언을 보니 더욱 그대의 재주와 덕이 높은 줄을 알겠도다. 내 비록 영민하지 못하나 응당 유념할 것이니, 그대는 그리 알라."라고 한 유지(諭旨)가 있었다.

　융경(隆慶) 2년(1568) 5월 ○일[37]

03
무진봉사
원문

慶尙道晉州居民曹植 誠惶誠恐 拜手稽首 上疏于主上殿下 伏念
微臣衰病轉加 口不思食 身不離席 召命申疊 俟駕猶後 葵心向日 望
道難進 固知死亡無日 無以報聖恩 敢竭心腹 以進芻蕘

伏見 主上稟上智之資 有願治之心 此固民社之福也 爲治之道 不
在他求 要在人主明善誠身而已 所謂明善者 窮理之謂也 誠身者 修
身之謂也 性分之內 萬理備具 仁義禮智 乃其體也 萬善皆從此出 心
者 是理所會之主也 身者 是心所盛之器也 窮其理 將以致用也 修其
身 將以行道也 其所以爲窮理之地 則讀書講明義理 應事求其當否
其所以爲修身之要 則非禮勿視聽言動 存心於內 而謹其獨者 天德
也 省察於外 而力其行者 王道也 其所以爲窮修存省之極功 則必以
敬爲主 所謂敬者 整齊嚴肅 惺惺不昧 主一心而應萬事 所以直內而
方外 孔子所謂修己以敬者 是也 故非主敬 無以存此心 非存心 無以
窮天下之理 非窮理 無以制事物之變 不過造端乎夫婦 以及於家國

天下 只在明善惡之分 歸之於身誠而已 由下學人事 上達天理 又其
進學之序也 捨人事而談天理 乃口上之理也 不反諸己而多聞識 乃
耳底之學也 休說天花亂落 萬無修身之理也 殿下果能修己以敬 達
天德行王道 必至於至善而後止 則明誠竝進 物我兼盡 施之於政敎
者 如風動而雲驅 下必有甚焉者矣

　獨王者之學 或異於儒者 以其行處 尤重於九經也 易之爲書 隨時
之義 最大 由今言之 王靈不擧 政多恩貸 令出惟反 紀綱不立者 數
世矣 非振之以不測之威 無以聚百散糜粥之勢 非潤之以大霖之雨
無以澤七年枯旱之草 必得命世之佐 上下同寅協恭 如同舟之人 然
後稍可以濟頹靡燋渴之勢矣 然取人者 不以手而以身 身不修則無在
己之衡鑑 不知善惡 而用舍皆失之 人且不爲我用 誰與共成治道哉
古之善覘人國者 不觀其國勢之強弱 觀其用人之善惡 是知天下之事
雖極亂極治 皆人所做 不由乎他也 然則修身者 出治之本 用賢者 爲
治之本 而修身又爲取人之本也 千言萬語 豈有出此修己用人之外者
乎 用非其人 則君子在野 小人專國

　自古 權臣專國者 或有之 戚里專國者 或有之 婦寺專國者 或有之
未聞有胥吏專國如今之時者也 政在大夫 猶不可 況在胥吏乎 堂堂
千乘之國 籍祖宗二百年之業 公卿大夫濟濟先後 相率而歸政於僮隷
乎 此不可聞於牛耳也 軍民庶政 邦國機務 皆由刀筆之手 絲粟以上
非回俸不行 財聚於內 而民散於外 什不存一 至於各分州縣 作爲己
物 以成文券 許傳其子孫 方土所獻 一切沮却 無一物上納 賫持土貢
者 合其九族 轉賣家業 不於官司 而納諸私室 非百倍則不受 後無以

繼之 連亡相屬 豈意祖宗州縣 臣民貢獻 奄爲鼫鼠所分之有乎 豈意
殿下享大有之富 而反資於僕隷防納之物乎 雖莽卓之奸 未嘗有此也
雖亡國之世 亦未嘗有此也 此而不厭 加以偸盡帑藏之物 靡有尋尺
斗升之儲 國非其國 盜賊滿車下矣 國家徒擁虛器 枵然骨立 滿朝之
人 所當沐浴共討 力或不足 則號召四方 奔走勤王 而不遑寢食者也

今人之相聚者 有草竊 則命將誅捕 不俟終日 小吏爲盜 百司爲群
入據心胸 賊盡國脉 則不啻攘竊神祇之犧牷牲 法官莫敢問 司寇莫
之詰 或有一介司員 稍欲糾察 則譴罷在其掌握 衆官束手 僅喫饙廩
唯唯而退 斯豈無所恃 而跳梁橫恣 若是其無忌耶 楚王所謂盜有寵
不可得去者 此也 各存狡兎之三窟 以備川蚌之介甲 潛懷蠆毒 萋斐
百端 人不能治 法不能加 作爲城社之鼠 已不能燻灌 抑爲三窟者 果
何人耶 作爲介甲者 其無罰乎

殿下赫然斯怒 一振乾綱 面稽宰執 以究其故 斷自宸衷 如大舜之
去四凶 孔子之誅少正卯 則能盡惡惡之極 而大畏民志矣 若言官論
執不已 迫於不得已而後 黽勉苟從 則不知善惡之所在 是非之所分
失其爲君之道矣 焉有君失其道而能治人者乎 故我之明德既明 則如
鑑在此 物無不照 德威所加 草木皆靡 況於人乎 群下股慄兢惕 奔走
承命之不暇 庸有一寸容奸之計乎 亂政大夫 猶有常刑 夫以尹元衡
之勢 而朝廷克正之 況此狐狸鼠雛 腰領未足以膏齊斧乎 雷雨一發
天地作解 此之謂身修於上而國治於下者也 布列王國者 誰非命世之
佐 誰非夙夜之賢耶 奸臣軋己則去之 奸吏蠹國則容之 謀身而不謀
國 靡哲不愚 以樂居憂 斯豈人謀之不競耶 若有天之所命 人不能勝

天而然耶

臣索居深山 俯察仰觀 噓唏掩抑 繼之以淚者 數矣 臣之於殿下 無
一寸君臣之分 何所感於君恩 齎咨涕洟 自不能已耶 交淺言深 實有
罪焉 獨計身爲食土之毛 尙爲累世之舊民 添作三朝之徵士 猶可自
比於周褻 可無一言於宣召之日乎

臣之前日所陳救急之事 尙未聞天意急急如救焚拯溺 應以爲老
儒賣直之說也 未足以動念也 況此開陳君德者 不過古人已陳之塗
轍 然不由塗轍 則更無可適之路矣 不明君德而求制治 猶無舟而渡
海 祇自淪喪而已 其機益急於前所陳者 萬萬矣 殿下若不棄臣言 休
休焉有容焉 則臣雖在千里之外 猶在机筵之下矣 何必面對老醜而後
日用臣乎 抑又聞事君者 量而後入 實未知殿下爲何如主也 若不好
臣言 徒欲見臣而已 則恐爲葉公之龍也 請以今日睿鑑之明暗 卜爲
來日治道之成敗 伏惟上察 謹疏

答曰 頃日所志 子常置諸座右 觀省之際 觀此格言 益知才德之高
矣 子雖不敏 亦當留念 爾其知悉事 有旨

隆慶二年五月日

04

무진봉사
해설

　선조는 1568년 1월 27일 비망기(備忘記)로 조식(曺植)과 성운(成運)을 부르라고 전교하였다.[38] 이에 조식은 「무진봉사」를 올렸다. 이 「무진봉사」는 『선조실록』에 선조 1년(1568) 5월 26일 조에 전문이 실려 있다. 「무진봉사」는 일반 상소와는 다르게 봉사(封事)로 올린 글이다.

　「무진봉사」는 크게 두 단락으로 나누어 볼 수 있다. 첫째 단락은 임금이 명선(明善)·성신(誠身)을 바탕으로 수신하여 군덕(君德)을 닦아야 한다고 아뢴 것이며, 둘째 단락은 현실 정치에서 시급히 조처해야 할 현인 등용의 문제, 서리(胥吏) 폐해의 문제, 민생 구제를 위해 전에 올린 구급(救急)에 대한 조처 문제 등을 아뢴 것으로 요약할 수 있다.

　첫째 단락에서 남명 선생은 '지치(至治)는 임금의 명선·성신에 달려 있다'고 하면서 명선은 궁리(窮理)이고 성신은 수신(修身)이

천덕왕도 윤효석 作

라는 점을 말하고, 다시 궁리를 실천하는 요점은 '의리를 강명하
거나 일을 처리하고 남을 만날 적에 사리에 맞게 하는 것'이며, 수
신을 실천하는 요점은 '예가 아니면 보지도 듣지도 말하지도 행동
하지도 말라는 것'이라고 말하였다. 또 존심(存心)하여 내면에 천
덕을 확립할 것과 성찰(省察)하여 외면으로 왕도를 행할 것을 말하
였다. 그리고 궁리·수신·존심·성찰의 요점으로 주경(主敬)을 제
시하고, 하학인사(下學人事)를 통한 상달천리(上達天理)의 진학(進
學)과 구이지학(口耳之學)이 아닌 실질적인 학문을 하여 군덕을 닦
을 것을 주문하였다.

둘째 단락에서는 『중용』의 구경(九經)을 언급하면서 임금이 수

신을 통한 존현(尊賢)의 인재 등용을 말하고, 이어 서리(胥吏)의 폐해를 구체적으로 나열하며 기강을 확립하여 처단할 것을 말하고, 마지막으로 전에 아뢴 구급(救急)에 대한 조처가 없는 점을 거론하였다.

그러니까 이「무진봉사」는 전반부에서 명선·성신을 통해 군덕을 닦아 천덕(天德)을 추구하라는 것을 아뢰고, 후반부에서 이를 바탕으로 왕도(王道)를 구현하기 위한 실천적인 조목 중 시급하고 중대한 것을 아뢴 것이다.

이「무진봉사」의 끝에 "하물며 이번에 아뢴 '임금의 덕[君德]'에 관한 말씀은 옛날 사람이 이미 말한 진부한 것에 불과합니다."라고 하였으니, 이 상소의 요지는 한마디로 '군덕'이라 할 수 있다. 북송 대 정호(程顥)는 "『예기』「곡례(曲禮)」에 '불경하지 말아서 깊이 사색하듯 자세를 엄숙하게 하며 말을 안정되게 하면 백성을 편안하게 할 수 있다'라고 한 것은 군덕이다. 군덕은 곧 천덕이다."[39] 라고 하였다. 남명 선생은 이런 정호의 말에 근거하여「무진봉사」에서 경(敬)을 위주로 하여 마음을 항상 정제엄숙(整齊嚴肅)하게 하고 항상 성성(惺惺)하게 할 것을 주문하였고, '경(敬)으로써 자신을 닦아 천덕에 통달하고 왕도를 행하여 반드시 지극한 선에 이른 뒤 그곳에 머무신다면'이라고 하였다. 즉 나라를 잘 다스리기 위해서는 수신을 해서 군덕을 확립하는 것이 우선임을 말한 것이다.

「무진봉사」후반부에 소상히 거론한 서리망국론(胥吏亡國論)은 후대 계속 소환되며 거론되었으나, 조선왕조가 끝날 때까지 그 폐해를 개혁하지 못하였다.

「무진봉사」의 요지는 천덕과 왕도로 요약할 수 있다. 이 천덕 왕도론(天德王道論)은 북송 때 이정(二程: 程顥·程頤)이 본격적으로 제시한 사상인데, 우리나라에서는 남명 선생이 처음으로 이를 수용하여 사상적 기반으로 삼았다. 이 천덕과 왕도는 개인의 심성 수양을 임금이 나라를 다스리는 일에 비유하여 그린 「신명사도(神明舍圖)」에 임금이 추구해야 할 두 가지 목표로 제시되어 있다. 이 천덕왕도론은 남명사상의 기반으로, 하나는 심성을 수양하여 하늘이 부여한 본성을 계발하는 내성(內聖)이고, 하나는 그 덕을 세상에 펴서 태평 시대를 여는 외왕(外王)이다. 남명사상은 왕도를 펼 수 없는 무도한 사화기에 천덕을 추구하는 내성에 치중한 면이 있지만, 남명 선생은 결코 현실을 외면하지 않고 우국애민하였다.

이 「무진봉사」는 퇴계 이황 선생이 선조에게 올린 「성학십도(聖學十圖)」와 비교가 된다. 「성학십도」는 성인의 학문을 추구하는 10가지 요점을 잘 정리하여 그린 것으로 천덕을 추구하는 것에 중점을 둔 것이다. 반면 「무진봉사」는 명선과 성신으로 천덕을 추구할 것과 그 천덕을 세상에 펴는 왕도를 함께 거론하고 있다. 요컨대 명명덕과 신민을 아울러 제시한 것으로 「성학십도」가 명명덕에만 초점을 맞춘 것과 다르다고 할 수 있다. 이런 점에서 남명사상은 수양론과 경세론을 두 축으로 하고 있다.

1 소명(召命): 임금이 부르는 명령이다.

2 출발……것입니다:『논어』「향당(鄕黨)」에 "임금이 부르면 수레에 멍에 매기를 기다리지 않고 먼저 길을 떠난다.[君命召 不俟駕行矣]"라고 하였으니, 신하의 마음가짐은 출발 준비를 기다리지 않고 서둘러 조정으로 달려가야 한다는 말이다. 아랫사람이 출발 준비하기를 기다렸다가 떠나는 것은 임금을 뒷전으로 여긴다는 뜻이다.

3 상등 지혜: 나면서부터 이치를 아는 생이지지자(生而知之者)를 말한다.『안씨가훈(顏氏家訓)』「교자(教子)」에 "상지(上智)는 가르치지 않아도 성취하고, 하우(下愚)는 가르쳐도 유익함이 없고, 보통 사람은 가르치지 않으면 알지 못한다.[上智 不教而成 下愚 雖教無益 中庸之人 不教不知也]"라고 하였다.

4 지치(至治): 지극한 정치로 태평성대를 말한다.

5 사직(社稷): 사(社)는 토지신을 모신 곳이고, 직(稷)은 곡식신을 모신 곳이다. 전통 시대에 나라를 세우면 궁궐 왼쪽에는 종묘(宗廟)를 세워 조상신을 받들고, 오른쪽에는 사직단을 세워 토지신과 곡식신을 섬겼다. 그래서 종묘와 사직은 그 국가의 명운을 상징하는 말로 쓰였다.

6 명선(明善)과 성신(誠身):『중용장구』제20장에 보이는 말로, 명선은 선을 밝게 아는 것이고, 성신은 자신을 진실하게 하는 것이다.

7 궁리를……살피는: 이는 정이(程頤)가 말한 격물치지의 방법과 유사하다.

8 예(禮)가……말라: 이는『논어』「안연(顏淵)」에 보이는 극기복례(克己復禮)의 네 가지 조목이다.

9 천덕(天德): 하늘이 부여한 본성을 자득하여 내 몸에 충만하게 하는 것으로, 존양하고 성찰하여 진실무망의 성(誠)을 이룩하는 것을 말한다. 송나라 때 이정(二程)이 이 점을 강조하였다.

10 왕도(王道): 천덕을 바탕으로 세상에 도를 펴는 것을 말한다.

11 경(敬): 송나라 때부터 중시한 마음공부로, 정이(程頤)는 정제엄숙(整齊嚴肅)과 주일무적(主一無適)을 내세우고, 문인 사량좌(謝良佐)는 상성성(常惺惺)을 주장하고, 문인 윤돈(尹焞)은 수렴기심(收斂其心)을 주장하였다. 주희는 이 네 가지

공부법을 모두 수용하면서 '상제(上帝)를 대하는 마음[對越上帝]'으로 보았고, 또
'경외심(敬畏心)'이 경(敬)에 가깝다[惟畏近之]'고 하였다.

12 경(敬)으로써 몸을 닦는다: 『논어』「헌문(憲問)」에 보인다.

13 구경(九經): 임금이 나라를 다스리는 아홉 가지 원칙이다. 『중용장구』 제20장에
"무릇 천하와 국가를 다스리는 데에는 구경이 있으니, 임금이 자신을 수양하는
것, 현인을 존중하는 것, 친척을 친애하는 것, 대신을 공경하는 것, 여러 신하를
내 몸처럼 살피는 것, 백성을 자식처럼 사랑하는 것, 여러 공인을 불러들이는 것,
먼 지방 사람을 회유하는 것, 작은 나라 임금을 포용하는 것입니다.[凡爲天下國家
有九經 修身也 尊賢也 親親也 敬大臣也 體君臣也 子庶民也 來百工也 柔遠人也 懷諸侯
也]"라고 하였다.

14 시의(時宜): 시중(時中)과 유사한 말로, 시(時)는 그때그때의 상황을 가리키고,
의(宜)는 마땅하다는 뜻으로 그 당시의 사정에 맞게 중도를 행한다는 의미이다.
공자의 도를 시중이라고 한다.

15 인재를……것입니다: 『중용장구』 제20장에 "정치를 하는 것은 사람에게 달려
있으니, 임금이 인재를 등용할 적에는 수신한 몸으로써 해야 합니다.[爲政在人
取人以身]"라고 하였다. 이 문구의 '신(身)'은 '임금의 몸'을 가리키는 것으로, 임
금이 자신을 대신할 인재를 뽑는 것이므로 눈으로 보고 귀로 듣는 사람을 뽑아
서는 안 되고 수신한 공정한 마음으로 인재를 뽑아야 한다는 뜻이다. 이 문장에
서 '손으로써 뽑는다'는 것은 수신한 공정한 마음으로 뽑는 것이 아니라, 추천한
사람을 손으로 지명해서 뽑는다는 뜻이다.

16 서리(胥吏): 서리는 중앙과 지방의 각 관아에서 근무하던 하급 관리로, 이서(吏
胥)·아전(衙前)이라고도 하였다. 고려 시대에는 서리가 신분 계층으로 확립되지
않아 양반 관료와 차별이 심하지 않았으므로 양반과 향리(鄕吏)가 이서에 종사
하는 경우가 많았다. 조선 시대에는 양반층의 배타적 특권이 강화되면서 서리는
문무 관료와 엄격히 구분되고 관료로 진출하는 길이 막혔다. 서리는 관청의 행
정이나 대민 업무에 종사하면서 관료 체제의 하부조직을 형성하였는데, 경제적
처우가 보장되지 않아 부정과 수탈을 일삼아서 조선 시대 대표적 병폐로 지목되
었다.

17 대부(大夫): 중국 하(夏)·은(殷)·주(周) 시대 천자와 제후의 신하에 경(卿)·대
부(大夫)·사(士) 세 등급이 있었다. 녹봉을 받는 대부도 있었고, 채지(採地)가 있
는 대부도 있었는데, 주나라 춘추·전국 시대에는 채지를 세습하면서 군사력과
경제력을 갖춘 권력 대부들이 있었다. 후대에는 임금이 임명하여 녹봉을 받는
품계를 가진 관리를 대부라고 칭하였으며, 조선 시대의 경우 4품 이상의 관원을

대부라고 불렀다.

18 조종조(祖宗朝): 선대 임금의 조정을 말한다. 조(祖)는 공이 있는 임금에게 붙이고, 종(宗)은 덕이 있는 임금에게 붙이는데, 이를 아울러 선대의 임금을 '조종'이라고 한다.

19 공경(公卿)·대부(大夫): 조선 시대 의정부의 삼정승을 삼공(三公)이라 하고, 의정부의 좌참찬·우참찬과 육조의 판서 및 한성판윤을 구경(九卿)이라 하였으며, 4품 이상의 품계를 가진 사람을 대부라고 하였다.

20 구족(九族): 자신을 중심으로 위로 4대, 아래로 4대의 친족을 통칭하는 말이다.

21 방납(防納): 각 고을에서 공물로 바치는 것을 특정인이 값을 받고 대신 구입하여 바치는 것이다.

22 왕망(王莽): 한(漢)나라 효원황후(孝元皇后)의 조카로서 평제(平帝)를 죽이고 한나라 왕조를 빼앗아 신(新)나라를 세웠으나, 재위 15년 만에 후한 광무제(光武帝)에게 패망하였다.

23 동탁(董卓): 후한 때 사람으로 영제(靈帝) 때 전장군(前將軍)이 되었다. 후에 헌제(獻帝)를 내세워 폭정을 일삼다가 여포(呂布)·왕충(王充) 등에게 죽임을 당하였다.

24 초(楚)나라……말: 초나라 영왕(靈王)이 총리 격인 영윤(令尹)의 자리에 있다가 왕이 되었다. 우윤(芋尹) 무우(無宇)가 죄를 짓고 도망간 부하를 잡으려고 하자, 유사(有司)가 도리어 무우를 잡아다가 영왕 앞에 꿇어앉혔다. 무우가 '죄를 지은 자를 처벌해야 나라가 강해진다'고 말하자, 영왕이 "네 부하는 잡아가거라. 그러나 도둑(왕 자신을 두고 하는 말)은 권세가 있어 잡아갈 수가 없다."라고 하였다.(『춘추좌씨전』 소공(召公) 7년) 여기서는 이런 고사를 단장취의하여 '임금에게 총애를 받는 도적은 잡아 가둘 수 없다'는 뜻으로 쓰였다.

25 교활한……파놓듯이: 『전국책(戰國策)』「제책(齊策)」에 "영리한 토끼는 세 개의 굴을 가지고 있어서, 거의 죽음을 면할 수 있습니다. 지금 임금에게는 하나의 굴만 있으니, 베개를 높이 베고 누워 잘 수가 없습니다. 임금님을 위해 다시 두 개의 굴을 더 파기를 청합니다.[狡兔有三窟 僅得免其死耳 今君有一窟 未得高枕而臥 請爲君復鑿二窟]"라고 하였다.

26 성(城)에……없습니다: 『진서(晉書)』「사곤전(謝鯤傳)」에 나오는 고사로, 여우를 잡으려고 굴에 물을 부으면 성이 무너질까 걱정되고, 쥐를 잡으려고 사(社)에 연기를 피우면 사를 태울까 걱정이 되므로 이렇게도 저렇게도 할 수 없는 형세를 가리킨다. 간신이 임금의 세력을 교묘하게 끼고 있어서 다른 신하들이 어떻게 할 수 없음을 비유하는 말로 쓰이는데, 여기서는 서리가 조정의 권신들과 결

탁하여 그런 형세를 이루고 있다는 뜻이다.

27 순(舜)임금이……것: 순임금이 공공(共工)·환도(驩兜)·삼묘(三苗)·곤(鯀) 등
    사흉(四凶)을 제거한 일을 가리킨다.『서경』「순전(舜傳)」에 "공공을 유주(幽州)
    에 귀양보내고, 환도를 숭산(崇山)으로 내쫓고, 삼묘를 삼위(三危)로 귀양보내
    고, 곤을 우산(羽山)에서 죽였다.[流共工于幽州 放驩兜于崇山 竄三苗于三危 殛鯀于
    羽山]"라고 하였다.

28 공자께서……것: 소정묘(少正卯)는 노(魯)나라 대부이다.『사기(史記)』「공자세
    가(孔子世家)」에 "이에 정치를 어지럽히는 노나라 대부 소정묘를 주벌하였다.[於
    是 誅魯大夫亂政者少正卯]"라고 하였다.

29 윤원형(尹元衡): ?~1565. 자는 언평(彦平), 본관은 파평으로, 중종의 계비 문정
    왕후의 동생이다. 명종이 즉위한 뒤 이기(李芑)·정순붕(鄭順朋) 등과 모의하여
    을사사화를 일으켰다. 20여 년 동안 권력을 농단하다가 문정왕후가 죽은 뒤 삭
    탈관직되어 쫓겨났으며, 스스로 목숨을 끊었다.

30 한차례……소생한다:『주역』해괘(解卦)는 상괘가 진(震)으로 우레를 의미하고,
    하괘가 감(坎)으로 비를 의미한다. 한차례 우레가 치고 비가 내리면 천지의 만물
    이 모두 해갈되어 소생한다는 뜻이 있다. 여기서는 임금이 한차례 위엄을 보여
    백성에게 은택을 내리면 백성이 소생할 것이라는 말이다.

31 명철(名哲)한……없어서:『시경』대아(大雅)「억(抑)」에 "사람들이 말하기를 '명
    철한 사람치고 어리석지 않는 이가 없다'고 한다.[人亦有言 靡哲不愚]"라고 하였
    다. 명철한 사람은 그 덕에 합당한 위의(威儀)가 있는 법인데, 오늘날 명철하다
    고 하는 사람은 위의가 없어서 사람들이 '명철한 사람치고 어리석지 않은 이가
    없다'고 말한다는 것이다.

32 떨치지 않는:『남명집』에는 '불경(不競)'으로 되어 있고,『조선왕조실록』에는
    '불긍(不兢)'으로 되어 있다. 여기서는 불경(不競)에 부진(不振) 또는 불강(不强)
    의 의미가 있는 것을 따라 번역하였다.

33 징사(徵士): 학문과 덕행이 훌륭하여 임금이 직접 조서를 내려 부르는 선비를 일
    컫는 말이다.

34 부질없이……과부:『춘추좌씨전』소공(召公) 24년 조에 나오는 고사로, 과부가
    자신이 길쌈하는 실의 양이 적은 것은 걱정하지 않고 주나라 왕실이 멸망할까를
    근심하였다는 내용이다. 초야의 선비가 자신의 본분에서 벗어나게 나라의 일을
    걱정한다는 뜻이다.

35 신이……일: 남명 선생이 1567년(선조 즉위년)에 올린「정묘사직정승정원장(丁
    卯辭職呈承政院狀)」의 요지를 가리킨다.

36 섭공(葉公)이……일: 실상은 없으면서 허세를 부리는 것을 비유한 말이다. 『신
　서(新書)』「잡사(雜事)」에 의하면, 섭자고(葉子高)는 춘추 시대 초나라 섭현(葉
　縣)의 수령 심저량(沈諸梁)을 가리키는데, 그는 용을 매우 좋아하여 집 안 곳곳
　에 용을 그리고 새겨 놓았다. 어느 날 용이 그 소문을 듣고 하늘에서 내려와 창문
　에 머리를 들이밀고 마루에서 꼬리를 흔들자, 섭공이 놀라 달아났다고 한다.

37 융경(隆慶)……○일: 『선조실록』에는 선조 1년 5월 26일 조에 실려 있다. 융경
　(隆慶)은 명나라 목종(穆宗)의 연호이다.

38 『선조실록』선조 1년(1568) 1월 27일. "備忘記傳曰 君臣之間 實如父子之間 入對之
　時 不甚俯伏 可也 雖垂簾之時 簾內下觀簾外之人 別無俯伏 亦可賢納諫 帝王之美 更請
　曹植 竝請成運 可也"

39 『이정전서』권12, 『遺書』, 「明道先生語一」. "毋不敬 儼若思 安定辭 安民哉 君德也 君
　德 卽天德也"

제4부

사선사식물소

謝宣賜食物疏

01

사선사식물소*
번역문

음식물을 하사하신 은혜에 감사드리는 소

융경(隆慶) 5년(1571) 5월 15일 조봉대부(朝奉大夫)[1] 전 수 종친부 전첨(守宗親府典籤)[2] 신 조식은 참으로 황송하고 황공하여 머리를 조아리고 조아리며 주상 전하께 사은하옵니다. 지난 4월 신에게 음식물을 하사하시는 하교(下敎)를 엎드려 받았사옵니다. 신처럼 어리석은 늙은이가 어떻게 성상의 은총을 받을 수 있겠습니까.

엎드려 생각건대, 하늘의 태양과 같은 성상께서는 구중궁궐에

• 『선조실록』에는 선조 4년(1571) 5월 15일 조에 이 상소의 전문이 수록되어 있다. 『선조수정실록』에는 선조 4년 3월 1일 조에 선조가 음식물을 하사하자, 조식이 소를 올려 사은하고 아뢰기를 "전하의 나랏일이 이미 잘못되어 한 가닥도 믿을 만한 것이 없습니다. 신이 누차 거친 소장을 올렸으나 시행한다는 소식을 듣지 못했습니다. 청컨대 '군의(君義)' 두 자를 올립니다."라고 하였다는 점만 간략하게 수록해 놓았다.

계시고, 신이 사는 초야는 천 리 밖에 멀리 있습니다. 그러나 다친 사람을 보듯 가엽게 여기시는 전하의 백성을 사랑하는 은택은 아무리 멀어도 미치지 않는 곳이 없어서, 그 은혜가 이 늙은 백성에게 먼저 이르렀습니다. 늙은 백성이 결초보은하고 싶지만 보답하기가 어렵습니다.

다만 생각건대, 선비가 길에 버려져 있음은 국토를 가진 군왕의 수치입니다. 전하께서는 그런 걱정을 자임하셨지만, 신은 개인적인 고마움을 감당하지 못하겠습니다. 비유하자면, 한 포기의 풀이 하늘이 내리는 비와 이슬을 받아 살지만, 하늘의 조화에 우러러 감사할 방법이 없는 것과 같습니다.

그런데도 오히려 구구한 신의 작은 정성으로 우러러 사은하기를 그만두지 못하는 것은, 성상께서 이미 혜선(惠鮮)[3]의 성은을 내리셨으니 미천한 신이 어찌 감히 근폭(芹曝)[4]의 정성을 바침이 없겠습니까. 옛말에 '대답하지 않아도 되는 말은 없고, 보답하지 않아도 되는 덕은 없다'[5]고 하였습니다. 공손히 한 말씀을 아뢰어서 전하의 남다른 은혜에 대한 보답으로 올립니다.

엎드려 살펴보건대, 전하의 나랏일은 이미 잘못되어 한 가닥도 손을 쓸 곳이 없습니다. 그런데도 신료들과 관원들은 빙 둘러서서 우두커니 바라보기만 할 뿐, 구제함이 없습니다. 그들도 이미 어떻게 해볼 수 없다는 것을 알고서, '어찌할꼬?'라고 걱정하지 않은 지가 오래되었습니다. 만약 전하께서 이러한 사정을 보고서도 알지 못하신다면 전하의 총명을 가리는 자가 있는 것이고, 알고서도

사선사식물소

폐단을 혁파할 생각이 없으시다면 나라에 주인이 없는 것입니다.

지난해 신이 두 번이나 거친 소를 올려 "헤아릴 수 없는 임금의 위엄으로 그런 누습을 떨쳐내지 않으면 맥없이 풀어진 죽과 같은 형세를 결집할 방법이 없습니다. 또 큰 장맛비 같은 은택으로 흠뻑 적셔 주지 않으면 오랜 가뭄에 시든 풀과 같은 백성을 소생시킬 수가 없습니다."라고 말씀드렸습니다.[6] 이런 말씀을 올린 지 오랜 세월이 흘렀습니다. 그러나 전하께서 급히 은혜와 위엄을 내려 기강을 확립했다는 소문을 아직 듣지 못했습니다.

위엄을 내리고 복을 주는 권한이 자신에게 있는데도 이를 스스로 장악하지 못하고서 오히려 '신하가 강하다'는 전교를 내리시어, 신하들로 하여금 감히 말할 수 없게 하였습니다. 그리하여 신하들이 해이해져서 수수방관하며 그럭저럭 세월만 보내고 있습니다. 나라의 기운이 마침내 시들해져서 오늘날까지 이어지고 있습니다.

이 늙은 신은 단지 비와 이슬 같은 전하의 은혜에 감사할 뿐, 전하의 미흡한 점을 보필할 방법이 없습니다. 삼가 '임금은 의로워야 한다'는 '군의(君義)' 두 자를 올려 전하께서 수신하고 나라를 정돈하는 근본으로 삼으시길 바랍니다. 엎드려 바라옵건대, 잘 살피소서. 신 조식은 절하고 머리를 조아리면서 죽음을 무릅쓰고 사은합니다.

임금께서 비답하기를 "올린 소장을 살펴보니, 그대가 나라를 걱정하는 정성을 알 수 있었다. 몸은 비록 초야에 있으나 임금을 조금도 잊지 않고 있으니, 매우 가상하다. 하사한 물품은 보잘것없는 것이니, 사례할 것이 뭐 있겠는가. 그대는 사례하지 말라."라고 한 유지(諭旨)가 있었다.

융경(隆慶) 5년(1571) 6월 ○일

02
사선사식물소
원문

　隆慶五年五月十五日 朝奉大夫前守宗親府典籤臣曹植 誠惶誠恐
頓首頓首 謝恩于主上殿下 伏蒙去四月敎賜臣以食料者 如臣愚老
顧何以承天寵乎

　伏惟 天日隔於九重 草澤遙於千里 如傷之恩 無遠不屆 先及於老
民 老民雖欲結草而難報 獨念士橫道而偃 有土之羞也 殿下自任其
憂 臣不任私謝 比猶一草添濡 無以仰謝天工 猶且區區小誠仰謝不
已者 聖上旣下惠鮮之恩 微臣敢無芹曝之獻乎 無言不酬 無德不報
古有說矣 恭陳一辭 進爲殊恩之報

　伏見 殿下之國事已去 無一線下手處 諸臣百工 環視而莫救 已知
無可奈何 不曰如之何者 久矣 若殿下視而不知 則明有所蔽矣 知而
罔念 則國無主矣 往年 臣嘗再陳荒疏 以爲非振之以不測之威 無以
濟百散糜粥之勢 非潤之以大霖之雨 無以澤七年枯旱之草 于今 有
年月矣 未聞殿下亟下恩威 以立紀綱 威福在己 而不自摠攬 尙下臣

强之敎 使不得敢言 群下解體 泛泛悠悠 邦遂喪 越至于今 老臣徒謝 雨露之恩 而無以補天之漏 謹以君義二字 獻爲修身整國之本 伏惟 睿鑑 臣植拜手稽首 昧死以謝

答曰 省所陳疏章 可見其憂國之誠 雖在畎畝 未嘗少忘也 甚用嘉 焉 若其所賜微物 何謝之有 爾其勿謝事 有旨

隆慶五年六月日

선조는 1571년 4월 '조식에게 음식물을 하사하라'는 전교를 내렸고, 남명 선생은 5월 음식물을 하사한 것에 사례하는 상소를 올렸다. 이 상소에는 현실 문제와 몇 차례 진언한 것의 실행을 촉구하는 내용으로 되어 있다.

이 상소는 임금이 기강을 확립하고 백성에게 은혜를 내려야 한다는 것이 요지이며, 이를 위해 '군의(君義)'를 권한 것이다. '군의'는 『맹자』에 나오는 말로 '임금이 의로우면 의롭지 않은 사람이 없다'는 뜻으로, 임금이 몸소 의리를 실천하여 조정의 기강을 바로잡으라는 말이다.

의(義)는 남명학의 핵심에 해당하는 글자로, '마땅함' 또는 '합리적'이라는 뜻이 있다. 의는 이치로 보면 의리(義理)이고, 현실에 구현하는 측면에서 보면 정의(正義)이다. 의리는 '올바른 이치'라는 뜻이고, 정의는 '올바른 이치를 공정하게 실현한다'는 뜻이다. 정

남명 선생 초상
조원섭 作

의는 정치적 정의, 사회적 정의, 경제적 정의 등 다양한 분야에서
이룩해야 할 지고의 가치이다.

그런데 정의는 양심(良心)을 바탕으로 해야 한다. 양심은 하늘이
부여한 본연의 선한 마음이다. 사람에게 이 양심이 없으면 도덕성
이 결여되어 진정성을 확보할 수 없다. 임금이 정심하고 수신해서
올바른 이치로 무장하고서, 그것을 세상에 펴 정치·사회적으로
정의를 이룩해야 한다. 이것이 남명 선생이 내세운 수신을 통해
천덕을 얻고, 이를 바탕으로 왕도를 행해야 한다는 논리이다.

오늘날에도 한 나라의 지도자가 양심이 없고 정의가 없으면, 독
단적인 정치를 하여 세상을 혼란스럽게 만든다. 이런 점에서 남명

선생이 노년에 선조에게 올린 마지막 상소의 주제어 '임금은 의로워야 합니다[君義]'라는 한마디 말은 큰 울림을 준다. 임금이 임금답지 못하고 임금이 의롭지 못하면 세상은 언제든지 혼란에 빠지게 되니, 목숨을 내걸고 이를 막을 수 있는 용기 있는 사람이 어느 시대나 반드시 있어야 한다. 그런 사람이 그 시대의 진정한 영웅이다.

1 　조봉대부(朝奉大夫): 조선 시대 종4품의 품계이다.

2 　수 종친부 전첨(守宗親府典籤): 종친부는 역대 임금의 계보(系譜)와 초상(肖像)을
　　보관하고, 임금과 왕비의 의복을 관장하며, 왕실의 각 계파를 감독하는 관청이
　　다. '수(守)'는 품계는 낮고 관직은 높은 경우 그 관직 앞에 붙이는데, 이러한 직
　　임을 수직(守職)이라 한다. 전첨은 종친부에 소속된 정4품의 관직이다. 박인(朴
　　絪)이 만든 「남명선생연보」에 의하면, 남명 선생은 1569년 종친부 전첨에 제수
　　되었다.

3 　혜선(惠鮮):『서경』「무일(無逸)」에 보이는 말로, 어렵고 외로운 사람에게 은혜
　　를 베풀어 다시 소생하게 한다는 말이다.

4 　근폭(芹曝): 시골 사람이 미나리가 맛있다고 임금에게 바쳤다는 고사와 따뜻한
　　햇볕을 쬐어 보니 너무도 좋아 그것을 임금에게 바치려 했다는 고사에서 취한
　　말로, 임금에게 바치는 작은 정성을 뜻한다.

5 　대답하지……없다:『시경』대아(大雅)「억(抑)」에 보이는 말이다.

6 　지난해……말씀드렸습니다: 남명 선생이 1568년(선조1) 5월 26일에 올린 「무
　　진봉사」에 보인다.

南冥